我国大学生创业政策体系研究：基于公共政策的视角

刘　军　著

山东大学出版社

总 序

2011年是山东大学建校110周年。作为中国近代第二所官办大学——“山东大学堂”，山东大学的积累之悠久，底蕴之深厚，堪可感慨系之。

晚清光绪二十七年(1901年)，山东巡抚袁世凯奏呈朝廷并由光绪帝御批的《山东大学堂章程》中，就山东大学堂的办学宗旨作了这样的阐述：

公家设立学堂，是为天下储人才，非为诸生谋进取；
诸生来堂肄业，是为国家图富强，非为一己利身家。

在20世纪初叶，在东渐之西学纷至沓来的近代中国，袁氏奏呈的“办学章程”有着某种意义上的传承性与超越性。愚以为，袁氏立意“天下”、“国家”，绝非其偶然心念一动，在这一理念的背后，当是数千年孔孟儒学传统文化精粹的蕴聚与支撑。为了“天下”、“国家”，而非“一己”之“进取”的办学理念，在那个中华羸弱、列强环伺的年代，越发彰显着山东大学的历史使命与民族责任，成为山东大学立足与发展的价值础石。正是基于这样的理念，山东大学在伴随着时代动荡、社会变迁的百余年行进途中，尚能安然把握着方向与节奏，使之得以在不同的历史阶段，均能汇聚时代的学术精英，渐次积淀了丰厚的学术内涵和大学文化底蕴。迄今，亦能风雨无阻，依然跻身于全国高校第一方阵的前排。

政治学与公共管理学院是山东大学百余年行程过半的时候才得以

组建的，如今业已年过而立。作为全国政治学与公共管理学在山东区域的一方重镇，其或发展或进步或逡巡或蹒跚，总会令人瞩目，引人关注。作为山东大学不可割舍的肌体，政管学院之举手投足、一笑一颦，往往事关全校的布局与发展，甚或波及百年山大之盛誉。于是兹事体大，吾侪不敏，遂以《论语·泰伯》之教训为警醒："士不可以不弘毅，任重而道远！"为此，于2009年即谋划聚合全院教师，协同努力，做一学术振兴。列为其重要举措之一，即出版学术著作若干，自成体系，冠名曰"政治发展与治理研究系列丛书"，为的是既能涵盖学院诸多学科，又能与主体方向不离不弃——推动山东大学政治学学科建设与发展而积累学术内涵；同时，在这样的操练过程中，不断推出青年才俊，实现个体与整体的同步迈进。

我们肩负着学界前辈的成就与希冀，我们延续着百年山大的底蕴和盛誉。在当下学术与世俗混而难分、盛名与实学真伪莫辨的"转型时代"，我们当以山大人的真诚与辛劳，为学界奉上这组系列文字。目的是弘扬学术，以文会友，抑或移风易俗，振兴我山东大学之政治学学科。

是为序。

《政治发展与治理研究系列丛书》编委会
2010年3月

目 录

第一章 绪论

一、研究问题的由来

创业作为经济发展中最具活力的部分，是提升一个国家经济活力和促进创新的主要驱动力，这已成为社会各界的共识。自20世纪90年代以来，伴随着经济全球化进程的快速推进以及知识经济时代的到来，创业活动对经济增长的贡献更加凸显，因而日益受到各国政府的普遍关注。在过去的30年里，美国一直保持世界经济"火车头"的地位，其"秘密武器"就是其拥有创新能力、创业文化以及高水平的创业活动。[①] 与发达国家相比，我国的创业活动相对较晚，但伴随着我国社会主义市场经济体制改革的不断深入，我国的创业活动也日渐活跃，并成为推动经济发展和缓解社会就业压力的重要手段。有调查显示，"每增加一个机会型创业者，当年带动就业数量平均为2.77人，未来5年带动的就业数量平均为5.99人"[②]。创业不仅有效地缓解了社会就业压力，解决了就业矛盾，而且也成为继续创造"新经济"持续增长奇迹的重要手段。

当前，中国经济发展步入一个转增速、转结构、转动力的"新常态"时期。2014年12月召开的中央经济工作会议指出，对于我国经济发展"新常态"的阶段性特征，必须从历史和辩证的角度去认识和把握。我国经济之所以要转型到"新常态"下发展，根本原因在于高投资、高能耗、高污染的传统数

---

① 参见许正中《发展创业型经济深化经济社会改革》，载中华职业教育社编《创业、创新、就业与科学发展——全球创业型经济论坛文集》，中央广播电视大学出版社2009年版。

② 高建等：《全球创业观察中国报告(2007)——创业转型与就业效应》，清华大学出版社2008年版，第5页。

量型扩张的经济模式难以为继，特别是从生产要素相对优势看，我国的劳动力红利逐步消失，大规模的投资也难以为继，生产要素成本上升，资源配置效率和要素供给效率下降。这表明，我国长期以来通过要素驱动、投资驱动推动经济发展的模式不仅已经没有潜力和持续性，而且也面临着跨越“中等收入陷阱”的瓶颈。在备受资源、生态、人口等多重因素限制和约束的环境下，“新常态”下的经济唯有依赖于人力资本质量和科学技术的进步，从要素驱动、投资驱动转向创新驱动，才能实现中国经济发展的转型。习近平指出：“主导国家发展命运的决定性因素是社会生产力发展和劳动生产率提高，只有不断推进科技创新，不断解放和发展社会生产力，不断提高劳动生产率，才能实现经济社会持续健康发展。”[①]从历史经验来看，创新与创业密切相关，两个概念存在本质上的契合，在内涵上两者相互包容，在实践过程中创新与创业又互动发展。创新是创业的基础，而创业是创新的载体和表现形式。因此，创业成为创新的重要平台和支撑，鼓励创业和创新，发挥创业和企业家精神已经成为近年来各国竞相采取的国家战略。国务院总理李克强在 2015 年《政府工作报告》中提出，要“打造大众创业、万众创新和增加公共产品、公共服务‘双引擎’，推动发展调速不减势、量增质更优，实现中国经济提质增效升级”[②]。可见，创业已经被纳入国家的重要议程，并已被提升到国家战略的高度，创业活动对我国具有特别重要的意义。

大学生创业是社会创业的重要组成部分。1998 年首届“清华创业计划大赛”的举办激发了大学生自主创业的热情，同时也引起了高校和政府部门对大学生创业活动的关注。20 世纪 90 年代末高等学校的大规模扩招使高等教育进入大众化的发展阶段。据教育部门公布的数据，1999 年我国普通高校毕业生人数仅为 84.76 万人[③]，2009 年上升到 531.1 万人[④]，2014 年达到了 727 万人[⑤]，是 1999 年大学毕业生人数的 8.5 倍。大学毕业生数量的逐年增加，带来大学生就业结构性矛盾的日益显现，如何解决大学生的就业

---

① 习近平：《加快实施创新驱动发展战略》，新华网，http://news.xinhuanet.com/politics/2014-08/18/c_1112126938.htm。

② 李克强：《政府工作报告——2015 年 3 月 5 日在十二届全国人民代表大会第三次会议上》，人民出版社 2015 年版，第 12 页。

③ 参见教育部《1999 年全国教育事业发展统计公报》，2000 年 5 月 30 日。

④ 参见教育部《2009 年全国教育事业发展统计公报》，2010 年 8 月 3 日。

⑤ 参见《教育部：2014 年中国高校毕业生规模为 727 万人》，新华网，http://news.xinhuanet.com/edu/2014-02/04/c_119210641.htm。

问题成为关涉社会稳定和国家经济发展的战略问题。为此，党的十七大提出了"以创业带动就业"的口号，中央和地方各级政府随后出台一系列政策，鼓励和支持大学毕业生自主创业。各高校积极响应，通过开展创业教育，出台激励措施，激发大学生的创业意识，提高他们的创业技能。

在国家创业政策的鼓励和支持下，大学生创业群体作为一支独特的创业力量悄然壮大起来。越来越多的高校毕业生走上自主创业之路，创业成为缓解就业困境和推进经济发展的重要渠道。但与欧美等发达国家相比，我国大学生自主创业比率及创业成功率还明显偏低。据权威教育研究机构麦可思发布的《2011年中国大学生就业报告》的调查统计，我国高校毕业生的自主创业率2008年为1.0%，2009年为1.2%，2010年为1.5%[①]，创业率一直徘徊在相对较低的水平，与创业率达到20%～30%的发达国家相比存在很大差距。据不完全统计，近两年我国大学生的创业成功率只有2%～3%，在比例最高的浙江省也仅有4%，仍远远低于发达国家大学生20%的平均创业成功率。[②]

大学生是否选择创业以及创业能否成功，主要取决于个体性格特征、个人背景和外部环境条件等因素。个体的性格特征与创业精神和创业动力密切相关，在一定程度上决定大学生发现和利用创业机会的动机、相关技能和水平。而创业活动总是在一定环境条件下进行的，大学生能否发现机会并有效地利用机会，在很大程度上则受制于外部条件和环境。近年的研究成果显示，创业行为具有很强的环境依赖特点。因此，培育一个良好的创业环境是保障创业顺利进行的关键，环境因素也注定成为创业研究的一个重要内容。

创业活动的外部条件和环境包含着众多因素，而创业政策是其中最重要的构成，与创业之间存在密切的关系。大量的创业实践和案例也表明，创业政策对大学生的创业意识、创业机会及创业动力都有显著影响[③]，是大学生能否创业和创业成功与否的一个关键影响因素。就我国的情况而言，当

---

① 参见麦可思研究院《就业蓝皮书：2011年中国大学生就业报告》，社会科学文献出版社2011年版，第141页。

② 参见《大学生创业成功率约4%　如何突破五大瓶颈》，新华网，http://news.xinhuanet.com/edu/2011-11/17/c_122294426.htm。

③ 参见李良成、张芳艳《创业政策对大学生创业动力的影响实证研究》，载《技术经济与管理研究》2012年第12期。

前我国大学生创业面临许多突出问题，其中，没有形成较为完善的创业政策体系，成为影响大学生创业的一个障碍性因素。本研究基于体系的视角和政策分析的视角，系统梳理我国大学生创业政策体系的发展演变、体系内容与特点、突出问题与成因，并在此基础上提出完善我国大学生创业政策体系的策略和路径。

二、本研究的意义

我国的大学生创业政策自诞生至今也仅有 10 多年的历史，学术界的相关研究仍处于起步阶段，尚未对其进行全面深入的探讨。因此，本研究从整体和宏观的视角对我国大学生创业政策体系进行系统的研究不仅具有重要的理论价值，而且现实指导意义更加突出。

近年来，伴随着大学生创业浪潮的兴起及创业政策的不断完善，学术界开始从不同的角度对大学生创业政策进行研究，相关成果越来越多。但是由于种种原因，关于大学创业政策的研究成果主要集中于大学生创业政策的具体内容，将研究的重点放在了创业教育、创业环境、创业融资等具体领域的单元政策方面，从体系的角度分析不同单元政策之间关系的理论和研究较为缺乏。我们知道，公共政策作用的大小取决于它的整体效应，而政策体系的整体效应具体又可分为正向效应和负向效应，政策的整体作用大于其各项单元政策作用之和就是正向效应，反之就是政策的负向效应。也就是说，为了发挥大学生创业政策体系的正向效应，学界研究的重点不应该仅仅关注涉及各个领域的单元政策，还应在体系框架下从宏观角度分析创业政策体系是否完善，不同单元政策之间的关系是否契合，以及如何使不同单元政策之间形成有机互动的关系模式，从而更大限度地发挥创业政策的整体效应。但文献分析发现，目前在体系框架下专门探讨大学生创业政策不同单元政策之间关系的成果还很少。本研究以“大学生创业政策体系”为研究对象，运用体系理论，整体分析创业政策体系内不同单元政策之间的关系特点、存在的问题等，并以此对完善我国大学生创业政策体系提出建议。这将进一步丰富和完善国内创业政策体系的研究模式。同样，本研究涉及的相关理论分析框架对其他领域的公共政策研究也具有启发意义，有助于促进公共政策体系的理论研究。

为激励大学生自主创业，近年来，从中央到地方的各级政府均出台了许多促进政策，但整体来看，我国目前创业政策的制定和实施都缺乏理论基础和理论指导，创业政策制定的系统性和全面性不足，政策的实施没有取得预期的效果。因此，本研究拟在对我国现有大学生创业政策进行梳理和分析的基础上，借助科学的理论框架，从体系的角度对构成我国大学生创业政策体系的各单元政策进行研究，分析不同单元政策之间的内在关系特点，探寻完善创业政策体系的策略和路径，研究观点和结论可以为政府健全和完善大学生创业政策体系提供决策理论支持与参考依据，以促进大学生的创业活动在更大范围、更高层次和更优水平上的开展，从而推动社会经济的进一步发展。

基于创业政策研究的理论价值和现实意义，本研究的目的是如何通过完善大学生创业政策体系来推动大学生创业实践的发展。具体而言，就是运用理论规范和实证分析的研究方法，从体系的角度对当前大学生创业政策体系现状进行深入的分析，剖析创业政策体系在促进创业方面存在的问题，从而探寻完善大学生创业政策体系的策略和路径。

三、国内外研究综述

自创业活动产生以来，国内外学术界就围绕创业领域的相关问题展开分析和研究。近年来，创业政策被国内外学术界广泛关注，成为创业研究领域中的重要组成部分。

（一）国外研究现状

国外对创业政策的研究都是在创业研究的基础上展开的。创业现象或创业行为是人类较早的实践活动之一。尽管有学者考证，自18世纪中期就有西方学者对创业现象进行研究，但一般认为对创业进行学术意义的研究肇始于二战结束之后。如战后初期，美国哈佛商学院成立研究小组，专门从企业发展历程的角度来探讨创业，但由于当时美国学术界关注的重点是大公司，很少有人关注小型企业的产生和发展问题，而且对创业是否能推动社会创新等问题也存在很大分歧，因而该小组关于创业方面的研究活动并没有持续下来，研究小组也于20世纪50年代中期解散。

到20世纪60～70年代，尽管学术界仍以大公司为研究对象，但也有学者开始对小型企业的创业进行研究，并于1970年在美国普度大学召开了首次创业学术会议，参会的42位学者在会上发表了有关创业的研究观点。[①]由此，创业研究会议开始制度化，每5年召开一次，这使不同领域的学者开始关注创业问题，创业成为管理学研究的新领域。这个时期创业研究的内容和特点是阐释创业活动的重要性，试图引起更多学者的关注并加入创业研究队伍中来。

从研究对象和学者的相对稳定性来看，创业作为一个公认的学术研究领域始于20世纪80年代。由于一些大型公司面临的生存压力和挑战日益复杂，原来研究大公司战略管理的一批学者纷纷转向创业研究，从而为创业研究奠定了学术基础，创业研究由此快速发展。特别值得一提的是，从1987年开始，创业被美国管理学会作为一个独立的分研究领域纳入到管理学学科体系。[②]《管理学刊》(*Journal of Management*)于同年正式开辟创业研究专题，美国一些高校也开始开设创业学课程。随着发达国家创业活动的兴起，创业成为管理学的一个全新领域，国外学术界对创业活动的研究日益重视。在这一时期，对创业的研究主要围绕创业者的个性特征进行，重点探讨什么样的个性特征能够进行创业并取得成功。

到20世纪90年代初，互联网的迅速发展直接推动了创业研究的发展，特别是MBA的兴起对创业研究起了重要的推动作用，创业研究取得了重大进展，创业成为学术界的热点之一。由于创业行为是一个涉及创业技能、市场机会、资源开发、环境支持等多领域的行为，因而关于创业问题的研究就涉及了心理学、社会学、经济学、管理学、人类学和历史学等不同学科。不同学科的学者从不同的研究目的出发，对创业现象进行剖析，取得了许多有益的成果。值得注意的是，在这一时期，一些国际组织，如经济合作与发展组织、亚太经济合作组织等，开始关注创业方面的问题，探寻创业行为对经济的贡献，这些因素推动了创业研究的学科和视角的进一步多元化，研究成果也更加丰富。自20世纪90年代以来，对创业的研究已从以对创业者个性特征研究为核心转向对创业过程本身的研究，探讨创业内在要素以及创业与环境的关系等问题，具体包括如下方面：

第一，关于创业行为性质和分类的研究。全球创业观察(Globe Entre-

---

① 参见张健、姜彦福、雷家骕《美国创业学术研究及其对我们的启示》，载《外国经济与管理》2003年第1期。

② S. A. Shane, "Who is Publishing the Entrepreneurship Research?" *Journal of Management*, Vol. 23, No. 1, 1997, pp. 83－95.

preneurship Monitor,GEM)于 2001 年提出了"生存型创业"和"机会型创业"的概念,雷诺兹(Paul Reynolds)等人在 GEM(2002)报告中指出,生存型创业就是那些由于没有合适的就业选择或对其他就业选择不满意而从事创业的创业活动,机会型创业是指那些为了追求一个商业机会而进行的创业活动。也有学者如谢恩(Scott Shane)认为创业是根据自己的思想和努力工作来开创一个新企业,包括新公司的成立,以及新产品或新服务的提供,来实现创业者的理想。①

第二,关于创业理论分析框架的构建与研究。布森尼茨(L. W. Busenitz)等人提出创业研究的几个要素——商业机会、创业者或创业团队、创业的组织活动以及相应的外部环境特征,并指出未来的创业研究应在创业机会及相关领域开拓。②

第三,关于创业活动影响要素的研究。如学术界已普遍认为创业机会是创业的核心要素,对创业过程的考察应当围绕创业机会进行。但也有研究者将重点放在了创业过程方面,并从新企业成长的视角探讨创业过程。

第四,关于创业模型的研究。不同时期的学者都展开了创业模型的研究。如早期的代表性成果是加尔布雷斯(Galbraith)模型和丘吉尔—刘易斯(Churchill-Lewis)模型,他们都是以新创企业成长为核心加以概括而形成的。近期学术界创建的模式可以分为两类:一类是要素匹配模型,如蒂蒙斯(Timmons)创业模型、加特纳(Gartner)创业模型和萨尔曼(Sahlman)创业模型,他们都强调要素之间短期动态均衡关系,认为只有各个要素之间协调均衡,才能保证创业的良性成长。另一类是要素主导模型,代表性成果如威克姆(Wickham)创业模型、克里斯蒂安(Christian)创业模型、佐拉—乔治亚(Zahra-George)创业模型、李海洋(Haiyang Li)创业模型和贾恩(Jain)创业模型,此类模型强调要素之间长期动态的均衡关系,认为要素之间的彼此因果导向作用最终将影响创业绩效。

第五,关于创业环境的研究。许多学者对创业环境构成要素进行了研究。如加特纳(William B. Gartner)认为创业环境由资源的可获得性、周边

---

① S. Shane,"Prior Knowledge and the Discovery of Entrepreneurial Opportunities," *Organization Science*, Vol. 11, No. 4, 2000, pp. 448—469.

② L. W. Busenitz, G. P. West Ⅲ, D. Shepherd, T. Nelson, G. N. Chandler, A. Zacharakis, "Entrepreneurship Research in Emergence: Past Trends and Future Directions," *Journal of Management*, Vol. 29, No. 3, 2003, pp. 285—308.

的大学及科研机构、政府的干预及人们创业态度等因素组成。[①] 亨利（G. Henri）把创业活动外部影响因素分为感性环境要素和理性环境要素。[②] 谢恩（Scott Shane）认为创业环境包括经济环境、政治环境和社会文化环境。[③] 全球创业观察（GEM）对影响地区创业活动的创业环境条件进行了较为明确的界定，认为创业环境要素应包括九个方面：金融支持、政府政策、政府项目、教育和培训、研究开发转移、商业环境和专业基础设施、国内市场开放程度、有形基础设施的可得性、文化及社会规范。[④]

作为公共政策的重要组成部分，对创业政策的专门研究晚于对创业的研究。一般来说，现代意义上的创业政策源自于中小企业的公共政策，中小企业政策主要关注中小企业的生产效率和竞争力因素以及运营环境的改善，例如，减少规制和行政管理负担，优惠的融资政策等。[⑤] 国外学术界早在20世纪60年代就对中小企业政策的相关问题进行了深入的探讨。通过对文献的统计和分析，国外学者对创业政策的关注是从20世纪80年代开始的，但创业政策作为一个公认的研究领域则开始于20世纪90年代中期。需要指出的是，由于世界各国的国情不同，经济发展和创业水平存在巨大差异，各国学术界对创业政策研究的开始时间、政策内容和关注点也不尽相同。因此，有些国家已完全认识到创业的重要性，并将创业纳入到新经济发展的关键部分，有的国家则刚刚开始认识到新创小企业对促进经济发展的动力作用；有的国家将创业看作产出新工作的动力和缓解就业的渠道，有的国家则将财富增长的新动力归结为技术和革新。由于各国对创业政策认识水平的差异，各自都采取了不同类型的创业政策体系。目前，国外对创业政策的理论研究主要集中在创业政策的基本内涵、政策类型和分析框架等方面。

---

① B. William, A. Gartner, "Conceptual Framework for Describing the Phenomenon of New Venture Creation," *Academy of Management Review*, Vol. 10, No. 4, 1985, pp. 696－705.

② G. Henri, *Entrepreneurial Intentions and the Entrepreneurial Environment*, Helsinki: Helsinki University of Technology, 2004.

③ Scott Shane, "Where is Entrepreneurship Research Heading?" Key Note Talk on Conference on Technological Entrepreneurship in the Emerging Regions of the New Millennium, Singapore, June 28－30, 2001.

④ 参见姜彦福等《全球创业观察 2002 中国报告》，清华大学出版社 2003 年版，第 14 页。

⑤ 参见胡希《创业公共政策研究——基于激励创业者进入的视角》，暨南大学博士学位论文，2008 年。

1.关于创业政策定义和内涵的研究

内涵及其界定是创业政策研究的逻辑起点和前提，对创业政策的研究首先关涉的是如何定义其内涵。国外学术界对创业政策概念的关注始于20世纪90年代，但经过20多年的发展，由于对创业活动的理解存在分歧，学者们对创业政策的定义也还没有达成一致。基于对创业的不同理解，国外学者在创业政策的本质和内涵方面也有不同的观点。在西方学术界，学者们多是基于政策是否与创业活动相关联来认定该政策是否属于创业政策。

西方学者斯蒂文森(Lois Stevenson)和伦德斯特罗姆(Anders Lundstrom)较早地关注了创业政策。他们认为，创业政策是为激励一国或地区经济主体的创业精神并提高其创业活动水平而采取的政策措施。通过创业政策构筑创业动力、技能和机会，从而鼓励更多的人选择创业，推动他们进入创业过程。创业政策最重要的作用时期是创业开始前、创业开始阶段以及创业开始后的42个月内。同时指出，创业政策的本质是刺激创业。[①]

哈特(David M. Hart)认为，创业政策的功能是运用政府的管理能力减少企业创立之初的不确定性，为新创企业创造良好环境。他指出，创业政策涉及的范围很广，从地区到国家，从低技术经济到高技术经济，从制度政策到经济发展，进而改善贫困局面。创业政策可以从创业和政策两个角度来理解，创业是创办或扩张新企业的过程，而创业政策的目的是为企业家从事创新与创业活动营造良好的环境和氛围。[②]

德盖特(Jan Degadt)认为，创业政策是支持企业创造和创新的措施，它应包含两个方面的含义：一是要激励更多的人创建企业，提高初创企业的存活率；二是营造良好的创业环境，为新企业的成长创造更好的机会。而创业政策的有效性主要取决于目标群体是否接受、理解其手段和目标。[③]

科林斯(Jock Collins)关于创业政策的内涵的理解简单明了，指出："创

---

① Lois Stevenson, Anders Lundstrom, *Entrepreneurship Policy for the Future*, Swedish Foundation for Small Business Research, 2001.

② David M. Hart, *The Emergence of Entrepreneurship Policy: Governance, Start-ups, and Growth in the US Knowledge Economy*, Cambridge, UK: Cambridge University Press, 2003, pp. 3—16.

③ Jan Degadt, *For a More Effective Entrepreneurship Policy: Perception and Feedback as Preconditions*, Reneontres de St. Gall, 2004, pp. 8—10.

业政策就是政府所制定的鼓励小企业创立、成长的政策和相关支持措施。”①

2. 关于创业政策理论框架的研究

创业政策对于一个国家或地区的创业活动具有重要的作用，但创业是一个复杂的过程，影响因素众多，这其中哪些是创业的促进因素，哪些是阻碍因素，如何发挥政策的力量来减少阻碍因素、驱动促进因素形成并发挥其应有的作用，这就要求创业政策研究者提出相应的理论框架，指导政府对创业政策的制定与实施。创业政策的理论框架主要关涉政策的设计问题，也就是从理论角度分析创业政策应包括哪些要素以及如何处理这些要素之间的关系，对创业政策理论框架研究的目的是使创业政策的设计科学化。由于相关内容将在下一章的“我国大学生创业政策体系理论框架”中进行详细阐述，所以此处不再赘述。

3. 关于创业政策类型的研究

创业政策的类型指的是基于某种标准对创业政策进行的分类。创业政策分析框架解决的是如何设计政策，而创业政策类型主要探讨的是如何对现行政策进行分类。显然，对创业政策进行科学分类是完善、补充现行创业政策体系的基础。

学术界普遍认为，对创业政策分类比较有影响力的当属斯蒂文森和伦德斯特罗姆的观点，其分类观点于 2001 年提出并在 2005 年进一步完善。两位学者通过对部分国家和地区的经济结构、发展层级阶段、政府角色、创业发展动态以及各自的经济、政治和社会状况等因素的考量，同时结合制定创业政策应遵循的目标策略与计划、政策结构与过程、鼓励人们成为创业者及促进创业阶段的相关要素等，提出了四种类型的创业政策：(1)聚焦于对已有中小企业计划和服务的推广政策；(2)关注于减少市场进入和退出壁垒、改善企业制度环境的新企业创立政策；(3)旨在激励特殊目标群体进行创业的细分创业政策；(4)满足目标群体各项需求的全面创业政策。②

在关于创业政策类型的相关研究中，有学者专门分析了制度和文化环

① Jock Collins, “Cultural Diversity and Entrepreneurship: Policy Responses to Immigrant Entrepreneurship in Australia,” *Entrepreneurship and Regional Development*, Vol. 15, No. 2, 2003, pp. 137—149.

② Lois Stevenson and Anders Lundstrom, *Entrepreneurship Policy for the Future*, Swedish Foundation for Small Business Research, 2001.

境对个人职业选择的影响路径问题。如维尔休尔(Ingrid Verheul)等学者早在2001年就从创业需求、创业供给、创业风险奖励机制、资源和知识可用性、创业的社会价值影响等五个方面对创业政策的类型进行了划分,以此提出了五种类型的创业政策:创业需求型政策、创业供给型政策、创业风险奖励机制型政策、资源和知识可用型政策、社会的创业价值型政策。[①]

佐尔坦·阿奇(Zoltan J. Acs)则按照创业的个人、企业、经济和社会四个层面将创业政策相应地划分为四种类型:(1)对应个人层面的创业选择政策,其目的在于制定教育和职业政策,推动个人探明创业机会并择机创业,解决创业的动机和创业技能问题;(2)对应企业层面的可行政策,其目的在于政府通过各种政策和制度,如融资政策、技术商业化等,来刺激企业家创立新企业;(3)对应经济层面的支持政策,其目的在于通过政府、大学、金融机构等为创业提供资金支持,促进企业和经济增长;(4)对应社会层面的社会政策,其目的在于通过法律和制度的制定和实施来改善社会现状。[②]

4. 关于创业政策与创业行为关系的研究

作为一种环境要素,创业政策如何影响创业行为以及影响到何种程度也是西方学者关注的问题。

有学者从制度的视角研究创业政策与创业行为的关系,如林(Morse E. A. Lim)等通过对社会环境制度要素与创业认知之间关系的研究发现,包括法律、金融系统、教育系统以及信任关系等在内的制度环境会影响企业安排和发展意愿,而最为显著的是对创业者创业决策的影响。[③] 鲍莫尔(W. Baumol)提出,创业者的创业决策很大程度上取决于相关经济制度中的奖励机制。制度和规则的变化会影响创业资源的配置,这不仅会影响创业者的数量,而且还会改变创业者群体的内部结构。[④]

有学者从经济学视角研究了金融、税收等方面的创业政策对创业行为

---

① Ingrid Verheul, Sander Wennekers, David Audretsch, and Roy Thurik, *An Eclectic of Entrepreneurship: Policies, Institutions and Culture*, Zoetermeer, 2001.

② Zoltan J. Acs, *A Formulation of Entrepreneurship Policy*, The FSF-NUTEK Award Winner Series, 2001.

③ Morse E. A. Lim, R. K. Mitchell, K. K. Seawright, "Institutional Environment and Entrepreneurial Cognitions: A Comparative Business Systems Perspective," *Entrepreneurship Theory and Practice*, Vol. 34, No. 3, 2010, pp. 491-516.

④ W. Baumol, "Entrepreneurship: Productive, Unproductive, and Destructive," *Journal of Political Economy*, Vol. 98, No. 5, 1990, pp. 893-919.

的影响，如哈伯德(R. Glenn Hubbard)等学者的研究发现，由于累进税制降低了人们对创业成功的收入预期，因而该种税制会减弱人们的创业意愿。[①] 乔治里斯(Y. Georgellis)和沃尔(H. J. Wall)研究了边际所得税率和破产豁免政策与创业水平的关系，发现边际所得税率与创业活动之间存在"U"形关系，而破产免责与创业活动呈"S"形关系。[②] 克尔(W. Kerr)和南达(R. Nanda)的研究表明，创业活动的金融支持政策能够极大地提高新创企业的数量，但由于降低金融支持标准会导致创业活动的总体质量趋于下降，因此也导致创业失败率上升。[③]

(二)国内研究现状

随着20世纪90年代以来我国大学生就业的市场化，大学生创业问题也开始成为人们关注的热点，许多学者从教育学、经济学、社会学、管理学等不同学科和视角对创业问题进行了研究，如对创业者创业意愿、创业动机、创业能力的研究，对创业机会、创业资源等创业环境的研究，以及对创业模型的分析和探讨等。

由于创业行为在我国的历史较短，与其他领域的公共政策研究相比，国内学者对创业政策理论与实践的研究起步亦较晚。但是，近年来随着国家对创业活动的日益重视，越来越多的学者开始借鉴国外同行的研究成果，并基于我国的实际情况，从不同的角度对我国创业政策的系统性、针对性和有效性等问题进行探讨，以期为政府制定、实施科学有效的创业政策提供有益指导。但总的来说，有关创业政策的研究，尤其是对作为群体性细分的大学生创业政策的研究，不仅起步晚，而且具有影响的研究成果还相对较少。我国学者对创业政策的研究主要侧重于创业政策的制定、实施模式、评价体系和细分创业政策等几个方面。

1. 关于创业政策制定的研究

高建等认为，应该重视创业政策制定的系统性，政府创业政策基本目标

---

① R. Glenn Hubbard and William M. Gentry, "Tax Policy and Entrepreneurial Entry," *American Economic Review*, Vol. 90, No. 2, 2000, pp. 283-287.

② Y. Georgellis, H. J. Wall, "Entrepreneurship and Policy Environment," *Federal Reserve Bank of St. Louis Review*, Vol. 88, No. 2, 2006, pp. 95-111.

③ W. Kerr and R. Nanda, "Democratizing Entry: Banking Deregulations, Financing Constraints, and Entrepreneurship," *Journal of Financial Economics*, Vol. 94, No. 1, 2009, pp. 124-149.

的实现应建立在科学的理论基础和政策体系上。具体来说，就是要借鉴创业政策的理论框架，系统地分析政策的着力点和对象，以驱动关键变量并刺激创业活动。①

辜胜阻等学者全面分析了中国创业扶持政策的现状及其缺陷，认为目前中国的创业扶持政策还仅是中小企业政策和科技创新政策的组成部分，并不是一种系统全面的整体，提出应从创业融资、创业服务、创业集群、创业教育和创业文化五个方面完善中国创业政策体系。②

林嵩提出，要加强创业相关技能和素质的培养，通过推行积极的金融财政政策，打造维护知识产权、维护市场秩序的良好环境，进行产业规划以引导创业发展方向等措施来建立和完善创业政策体系。③

郭德侠等认为，财税政策和创业服务配套措施是政府促进大学生创业所急需完善的重要方面，也是政府改革大学生创业政策的重点内容。④

罗良忠认为，国家在出台创业优惠政策的同时有必要附上相应的配套措施和实施细则，让各地基层政府或部门在执行时明确如何具体地操作这些政策。⑤

2.关于创业政策实施模式的研究

创业政策制定的目的就是为了有效地实施，从而达到政策设计的预期目标。但创业政策的效果不仅与创业政策本身的科学性和完善性密切相关，而且在很大程度上依赖于创业政策的贯彻实施。由于各国在经济、社会和文化方面有所不同，所以创业政策的实施模式也有较大差异，形成了各自的特点，因此引起了学者的关注和探讨。

近年来，同国外学术界一样，国内学者也愈益关注创业政策实施模式及影响因素的研究，以使政策执行达到最佳效果。如何有效推进和实施创业政策，国内学者从不同的角度建立了各自的实施模式，代表性的观点和模式如下：

李政、邓丰将不同国家的创业政策组织实施结构分为垂直型、水平型和

① 参见高建、盖罗它《国外创业政策的理论研究综述》，载《国外社会科学》2007年第1期。

② 参见辜胜阻、肖鼎光、洪群《完善中国创业政策体系的对策研究》，载《中国人口科学》2008年第1期。

③ 参见林嵩《大学生创业政策：现状评析与制度设计》，载《现代管理科学》2010年第2期。

④ 参见郭德侠、楚江亭《我国大学生创业政策评析》，载《教育发展研究》2013年第7期。

⑤ 参见罗良忠《中国大学生创业环境与政策问题研究》，载《教育与人才》2007年第7期。

伞型三种类型，并基于对三种结构模式优劣的比较分析提出了一个整合框架模型。①

熊伟指出，要从三个方面建立大学生创业政策的实施模式：一是在实施主体方面，使创业政策实施主体多元化。通过建立公共创业服务体系，将企事业单位、社会非营利组织和志愿组织等都纳入其中，共同参与和实施大学生创业政策。二是在管理考核方面，要建立目标责任制度、质量监测制度、评估制度以及激励制度等考核机制。三是要建立一个大学生创业政策实施的整合模式，该模式需要包含多种要素在内，如政策、环境、教育、文化等。②

王玉帅等学者主张设立促进创业与中小企业发展的专门机构，负责收集信息，协调各部门支援创业行动，监督创业政策的执行等。该机构的设立有利于协调源于各部门的创业政策，更有利于对创业政策的实施进行监督。③

刘华等对我国大学生自主创业扶持政策的运行障碍进行了分析，在此基础上提出了一个包含政府职能部门评价与考核机制、金融政策运行机制、财政政策运行机制、降低门槛准入机制、法律保障机制等五个方面内容的大学生自主创业政策运行机制框架结构，并主张加强对大学生自主创业扶持政策运行机制的落实，保障政策效益的最大化。④

3.关于大学生创业政策评价体系的研究

近年来，政府创业政策体系不断完善，但是创业政策体系能否对社会公共资源进行合理公平的分配，政策是否达到了预期目标，以及创业政策的社会效益和经济效益如何等问题，就需要对我国创业政策体系的科学性和有效性进行评估和检验。对创业政策体系进行有效评估不仅利于提升决策的科学性，是避免政策决策失误的有效途径，而且也是创业政策取得最佳效益的重要保障。为此，有学者对大学生创业政策的评估问题进行了专门的研究。这方面的代表性成果当属刘兰剑、温晓兰撰写的《大学生创业政策评价

---

① 参见李政、邓丰《面向创业型经济的创业政策模式与结构研究》，载《外国经济与管理》2006年第6期。

② 参见熊伟《大学生创业政策体系的构建框架与实施模式》，载《陕西教育学院学报》2009年第9期。

③ 参见王玉帅、黄娟等《创业政策理论框架构建及其完善措施——创业过程的视角》，载《科学进步与对策》2009年第10期。

④ 参见刘华、王楠、张岩《大学生自主创业扶持政策运行机制探索》，载《教育理论与实践》2013年第12期。

体系研究》。在该文中，作者按照各个地区的创业绩效现状，创业政策的推行是否有效推进了创业活动，如何对一个区域的创业活跃情况、创业企业存活时间、对就业的带动情况进行比较与评价等为标准，设立了 3 个一级指标、6 个二级指标、22 个测评点，以此构成大学生创业政策的评价体系，并运用层次分析法处理指标数据，评价各区域大学生创业政策的实施效果，旨在弥补目前对大学生创业政策效果缺乏评价标准的缺陷。[①]

4. 对细分创业政策的研究

学术界除了从整体视角对创业政策有关问题进行分析研究外，更多的成果是关注某一领域的创业政策，如创业融资、创业教育、财政税收、创业文化等方面。

(1)关于创业融资政策的研究

为了从政策层面应对创业融资难题，学者们提出了各自的观点。辜胜阻等认为，要通过建立分散创业风险的机制优化创业的融资体系。具体来说，一是通过放松金融管制，支持民间资本开办社区银行，为创业企业提供外源性融资渠道；二是通过对创业投资结构的优化，进一步完善资本市场体系，从而拓展创业企业的股权融资渠道。[②] 胡希提出，加强以公共资金为主的支持政策，特别是要强化政策类基金在金融支持中的投资引导功能，以此优化以公共资源为基础的资本支持体系。[③] 郑德前在对比中外大学生创业融资政策的基础上提出，解决大学生创业融资问题需要全社会共同参与。为此，作者构建了一个融高校、媒体、政府、市场、个体五位一体的大学生创业融资模式。其中，学校要为大学生创业资金的筹集奠定理论基础；媒体应加强对创业资金筹集渠道特别是一些新型融资渠道的宣传，引导创业融资者将筹资的重点转移到新型融资领域；政府通过建立大学生创业投资中心、完善创业机制、建立多元化的融资渠道、简化贷款程序、完善相关社会捐赠法规等措施营造良好的创业融资环境；发挥市场的主导作用，完善银行贷款、融资租赁、风险投资等市场渠道和融资方式；大学生也应加强自身建设，

---

① 参见刘兰剑、温晓兰《大学生创业政策评价体系研究》，载《厦门理工学院学报》2011 年第 1 期。

② 参见辜胜阻、肖鼎光、洪群《完善中国创业政策体系的对策研究》，载《中国人口科学》2008 年第 1 期。

③ 参见胡希《创业公共政策研究：基于激励创业者进入的视角》，暨南大学博士学位论文，2008 年。

提升创业融资能力。①

(2)关于财政税收政策的研究

税收是政府干预经济活动的一项主要工具,其对创业活动及其绩效的影响巨大,因而一些学者专门研究有关创业的税收政策。郑风田等认为,政府应当将税收政策的着力点放在减轻企业行政管理负担、完善税收政策以及多渠道筹集创业资金方面,要改变一直以来偏好于“科技型企业”的倾向。② 张云华在对税收政策缺陷进行研究的基础上,主张对企业所得税和个人所得税等税种进行调整,有效地支持中小企业创业和发展,营造良好的税收政策环境。③

(3)关于创业教育政策的研究

辜胜阻等学者主张要提升创业教育的地位,改进创业教育教学内容,改变创业教育模式,从而加强对学生的创业教育,提升大学生的创业意愿和创业技能。④ 王玉帅等提出,应在中小学中强化自信、独立、创新精神的教育,在高等教育中普及创业教育,调动社会组织的力量举办提升创业技能的各类培训,形成完善的创业教育政策支撑体系。⑤ 方世健等建议,应重视创业教育政策和规避进入障碍的创业促进政策,以更好地激发创业动机,并通过学校教育和有针对性的培训,提高潜在创业者的创业技能。⑥

(4)关于创业服务政策的研究

王艳茹认为,应强化创业服务中介机构的建设,不断完善服务机构的服务信息,为创业企业提供公共产品,进一步优化创业服务。⑦ 常忠义提出,为优化区域创业服务环境,要建立覆盖全社会的社会保障体系,健全社会中

---

① 参见郑德前《中外大学生创业融资政策对比研究》,载《青岛科技大学学报(社会科学版)》2011 年第 4 期。

② 参见郑风田、傅晋华《创业型经济的兴起与我国创业政策面临的挑战》,载《经济理论与经济管理》2007 年第 6 期。

③ 参见张云华《促进中小企业创业的税收政策研究》,载《铜陵学院学报》2007 年第 6 期。

④ 参见辜胜阻、肖鼎光、洪群联《完善中国创业政策体系的对策研究》,载《中国人口科学》2008 年第 1 期。

⑤ 参见王玉帅、黄娟、尹继东《创业政策理论框架建构及其完善措施——创业过程的视角》,载《科技进步与对策》2009 年第 10 期。

⑥ 参见方世建、桂玲《创业、创业政策和经济增长影响途径和政策启示》,载《科学学与科学技术管理》2009 年第 8 期。

⑦ 参见王艳茹《完善我国创业政策的对策》,载《经济研究参考》2010 第 36 期。

介服务体系，建立有利于创新创业的经济“特区”，提供良好的基础设施。[①]

(5)关于创业文化政策的探讨

有些成果重点分析了创业文化对创业的重要作用，如辜胜阻等学者认为积极的创业文化是创业者的精神动力和发动机，具有凝聚、导向、约束与激励的功能，对创业活动产生重大的潜移默化的影响。[②] 也有学者重点分析了创业文化与大学生创新能力的关系。如王玉帅等以江西大学生为案例，对创业文化与大学生创新能力之间的关系进行了实证考察，发现区域文化的差异影响区域创新的特点，区域创业文化对大学生创新能力的提升具有较大作用。[③] 此外，还有学者指出，创业文化建设是推动经济发展、增强政治文明和促进社会和谐的必然选择和保证，创业文化的建设应从整体出发设定基本目标，明确创业文化内涵，重点对创业知识体系、创业文化建设与传承机制、创业文化基础设施等进行建设。[④]

(6)关于大学生创业法律问题的研究

从国外经验来看，发达国家主要通过综合立法、专项立法、分散立法、混合立法等专门的法律法规来实现大学生创业的规范化、制度化、法治化，注重政府在创业模式中的主导作用。发达国家的相关法律法规在促进充分创业、维护社会稳定和推动经济与社会协调发展方面都发挥了重要作用。从我国的情况来看，目前我国的大学生创业政策仍局限于行政政策范畴，尚未上升到更具权威性和稳定性的法律和制度层面。为此，有学者从法学角度探讨了促进大学生创业的法律制度问题。如杨德敏基于我国大学生创业工作的立法现状，分析了大学生创业的法律障碍，主张应提升立法层次，进一步完善我国的相关法律制度，为大学生创业提供法律保障。[⑤] 也有学者从微观层次上探讨了大学生创业的权利、义务及其如何保障等问题，如张林的《大学生权利保护与高校自主管理权的相关法律问题思考》(载《龙岩学院学报》2005 年 z1 期)、朱巧芳的《大学生权利保障问题的思考》(载《高教探索》2005 年第 3 期)等。

---

① 参见常忠义《区域创新创业政策支持体系研究》，载《中国科技论坛》2008 年第 6 期。

② 参见辜胜阻、李俊杰《区域创业文化与发展模式比较研究——以中关村、深圳和温州为案例》，载《武汉大学学报(哲学社会科学版)》2007 年第 1 期。

③ 参见王玉帅、尹继东《江西创业政策环境研究——基于政策体系考察和创业者评价的双重视角》，载《江西社会科学》2010 年第 2 期。

④ 参见马金霞、赵志军等《论推进创业文化建设》，载《社会科学战线》2009 第 7 期。

⑤ 参见杨德敏《大学生创业法律制度探析》，载《兰州学刊》2010 年第 4 期。

(三)现存问题与本研究要解决的问题

通过对国内外文献回顾和梳理可以发现,作为公共政策领域的创业政策研究已引起国内外学术界的关注。学者们在借鉴相关学科理论的基础上,在创业政策定义、分析框架、实施模式、评价体系等方面都提出了多种观点和见解。相关成果不断丰富,观点和方法日益成熟,这对创业政策的进一步研究奠定了良好的基础。但相比其他领域的公共政策,对创业政策的关注和研究仍处于初始时期,不仅学术界至今仍然未能对创业政策给出一个清晰的概念框架,而且对创业政策领域的分析框架和研究边界也尚未给出清晰的界定。如同关于创业领域的研究一样,对创业政策的研究也涉及多门学科、多种理论和多种研究方法。由于各学科的研究对象、研究方法、概念规范的差异,研究的重点也各不相同,至少到目前为止还没有形成完善的创业政策研究的理论体系。特别是与发达国家相比,我国理论界在创业政策及其理论体系的研究上仍存在一些问题和不足:

第一,在研究方法上,国内相关研究成果大多采用经验描述的方法。在发达国家,对创业政策的研究多是基于模型推导,不论是对政策内涵的分析,还是对政策分析框架和实施模式的探讨,都提出了相应的规范和研究模型,研究成果都已上升到理论规范的层次。不仅如此,近年来实证分析方法也日益受到重视,理论推导与实证分析相结合,客观评价创业政策的实施效果,并提出创业政策如何被最优设计。由于国内相关研究起步比较晚,虽然取得了一定成绩,但总体来看还处于探索和起步阶段,相关成果主要是运用现有经验或理论来描述和分析创业政策的内容和存在的问题,提出改进措施和建议,除了为数不多的成果采用了问卷调查方法和简单的描述统计分析外,定性研究仍是最主要的研究方法,个案研究、实证研究、定量研究相对欠缺,提出并运用新的理论框架和研究方法的学者很少。由于缺乏理论支撑,不仅研究领域和对象碎片化,而且提出的对策建议也缺乏可操作性和前瞻性。

第二,在研究视角上,突出创业单元政策研究,忽视从体系角度的分析。随着创业问题日益成为人们关注的热点,作为影响创业活动的重要环境构成,创业政策研究也受到国内外学者关注,不同学者从教育学、法学、经济学、社会学、管理学等视角对该问题进行了研究。在研究的具体内容方面,国内相关成果多是侧重于单元政策,如创业教育政策、创业环境政策、创业财政政策等，鲜有成果以一个综合的视角从体系和整体上去分析创业政策。而从现实情况看，创业过程涉及不同的环节，而每个环节都直接和间接影响着创业的动机、创业能力的形成，最终影响着创业能否成功。因此，对应创业各个环节的不同单元政策也本应是一个融为一体的整体，对其研究不应只局限于某个方面。不同单元政策之间的关系是否契合、是否能够有机互动，不仅对政策体系的完善而且对创业政策的实施成效等方面都有重要的影响，因而在整体系统的框架下对不同单元政策之间关系的研究非常重要。

第三，在研究内容方面，国内学术界主要侧重创业过程及其实践方面的探索，较少从行政管理理论的视角对创业政策及其体系结构进行研究，在如何加强政策体系的整体性、综合性和针对性等方面较为匮乏。如通过对创业政策相关文献的检索与分析可以发现，当前关于创业政策的成果虽然不少，但大多从教育学、经济学领域进行探索，关注的问题主要为我国大学生创业政策的内容与运行中存在的具体问题，研究内容和方向相对较浅、较窄。相反，有关创业政策体系构建方面的研究相对较少，且研究者对研究问题的前瞻性也认识不足。总体而言，国内关于大学生创业政策的研究无论是广度上还是深度上都仍有欠缺。

基于创业政策研究的上述特点和我国与国外的研究差距，本研究拟解决的问题是：深入分析我国创业政策体系现状和问题，就如何构筑并完善具有中国特色的大学生创业政策体系提出对策和建议。具体而言，现有的研究成果多侧重于某个领域的单元政策研究，关注单元政策对大学生创业行为的影响。但创业政策是一个政策体系，“需要从构建创业政策体系的角度来设计和实施创业政策，而不是单向推进”①。因此，本研究侧重于创业政策体系的构建，力图将不同的创业单元政策放在创业政策体系中，在创业政策理论体系的框架下从整个政策系统的角度分析不同单元政策之间的关系，从中找出现行政策体系及其各单元政策存在的一些不足之处，提出完善大学生创业政策体系的路径和策略，为政府有效地推动大学生创业提供有价值的理论成果。

① 参见高建、盖罗它《国外创业政策的理论研究综述》，载《国外社会科学》2007年第1期。

四、研究思路与主要内容

首先在公共政策的相关理论指导下，对本研究所涉及的创业、创业政策、创业政策体系等相关概念进行界定，在借鉴吸收国内外相关研究成果的基础上，提出关于大学生创业政策体系的理论框架；然后，以我国近20年来创业政策实践为分析对象，在阶段划分和厘清变化过程的前提下，从历史的角度对我国大学生创业政策的缘起、演变及政策实施成效进行考察和实证分析，总结其演变规律与特征；在此基础上，运用本研究构建的理论框架，从政策体系的整体和单元政策个体两个角度分别探讨我国现行大学生创业政策体系中存在的问题及原因，然后再从政策实施方面进行分析；最后在借鉴发达国家相关经验和做法的基础上，提出完善大学生创业政策体系的策略和路径。

依据上述研究思路，本书内容分以下几个部分：

第一，围绕本研究的研究主题展开文献综述，内容涉及创业政策概念内涵、创业政策体系、创业政策类型、创业政策实施模式等内容，在回顾的基础上进行简要述评，进一步引出本研究的主要研究内容。

第二，从理论研究的角度出发，对创业、创业政策、创业政策体系等相关概念进行厘定，在比较分析国内外现有创业政策体系成果的基础上，基于创业过程所涉及的创业动机、创业技能、创业机会等各环节的内在统一性，将创业教育政策、创业融资政策、商务支持政策、创业环境政策等作为创业政策体系的核心要素，运用理论和模型分析不同单元政策要素之间的内在相互匹配和因果关系，以此构筑大学生创业政策体系的理论框架。

第三，以我国高校扩招和大学生创业实践为宏观背景，全面梳理和回顾我国大学生创业政策体系的缘起、形成和发展，对政策体系的演变规律与各阶段特征进行总结，并通过相关数据实证分析大学生创业政策体系的实施成效。

第四，在本研究构建的理论框架下，通过对大学生创业教育政策、创业融资政策、商务支持政策、创业环境政策等四个单元政策内容的分析，明晰我国大学生创业政策体系的内在结构与发展现状。

第五，运用理论归纳和实证分析相结合的方法，从体系整体、单元个体以及政策实施三个方面重点探讨我国大学生创业政策体系存在的主要问题与影响因素，并综合研究结果，对我国大学生创业政策体系进行总体评价。

第六，基于对上述问题的分析，借鉴发达国家创业政策体系的经验，从宏观政策体系、微观单元政策以及政策实施三个方面提出完善我国大学生创业政策体系的策略、路径。

五、研究方法

本研究在具体研究方法上采取了规范分析与实证分析相结合的研究方法。在规范研究方面，主要运用创业理论以及公共政策的相关研究成果对创业政策体系理论框架、创业政策体系完善与策略路径等展开定性分析；在实证分析方面，主要运用问卷访谈、数据分析等具体方法对我国大学生创业政策的实施成效进行定量分析，以形成对于理论研究的支持。具体而言：

一是文献研究法。本研究主要通过互联网和图书文献资料收集中央及地方政府出台的创业政策相关文件、学术著作和学术论文，主要包括国内外创业问题、创业政策、政策实施等研究文献，特别收集整理了我国有关大学生创业的政策文本，在对文献进行分类和梳理的基础上完成了国内外研究现状述评，勾勒出本研究的研究思路和写作框架。

二是比较分析法。本研究主要运用比较法对发达国家创业政策制定和实施的成功经验进行分析，归纳出有益的经验，并对其进行借鉴吸收以完善我国大学生创业政策体系。

三是访谈法。本研究以访谈的形式了解政府相关人员和创业大学生对创业政策的认知与评价，并通过描述性统计分析法为本研究提供一手实证资料。

第二章　我国大学生创业政策体系理论框架

科学与完善的大学生创业政策体系对于一个国家或地区的技术创新和经济发展具有重要的推动作用，因而从政府决策的角度构建一个完整而又适用的创业政策体系尤为重要。与其他公共政策领域相比较，学术界对创业政策及其体系的理论研究相对较晚，作为群体性细分的大学生创业政策体系及其相关研究更处于初始阶段，迫切需要进行深入的研究。为了促进大学生创业政策体系的完善和发展，切实促进大学生创业活动的开展，本部分在厘清创业、创业政策体系等核心概念内涵及其相互关系的基础上，借鉴前人的研究成果，尝试构建一个针对大学生创业群体特点的创业政策体系的理论框架，该框架不仅是本研究的基础和范围，而且也可为大学生创业政策体系的相关研究提供一个参考坐标。

第一节　核心概念的厘定

对所有领域中任何问题的研究都需要从相关的概念定义和内涵分析开始，其目的就是要明晰界定自己研究领域的概念框架、研究边界和核心问题。因此，要研究创业政策体系，就需要对创业、创业政策等概念进行分析和界定，在此基础上才能更准确、更简捷地描述出创业政策体系的研究领域和范围。本研究理论框架的建立就是从相关概念的定义开始的。

一、创业

在中文中，权威的《辞海》将“创业”一词的原义解释为“创立基业”或“开创建立基业、事业”。在《现代汉语词典》中，创业被定义为“开创”、“首创”，突出强调创业是突破资源约束“白手起家”的含义。英文中，“创业”（entrepreneurship）是从词根“entrepreneur”演化而来，该词是“企业家”、“创业者”的意思，由于“创业”与“企业家”概念相关联，因而“entrepreneur”一词也就有了创业的含义。

随着20世纪70年代创业行为在西方的兴起，学者们开始关注创业问题，并展开了相关研究。由于学科背景和研究视角的不同，学者们对创业的定义和内涵的理解存在较大差异。如著名经济学家熊彼特（Joseph A. Schumpeter）基于创业的本质定义创业，认为创业是实现创新的过程，这个创新过程主要包括新产品、新工艺、采用新的生产原料、进入新市场以及制度创新等。美国学者德鲁克（Peter F. Druker）的定义有类似之处，他认为“既没有创造出一种全新的满足，也没有创造出新的消费需求”的熟食店不是创业，只有那些能够创造出具有价值的、崭新且与众不同的东西的活动才是创业。[①]另外，有学者将创业理解为一个创造不断增长的财富的动态过程。[②] 还有学者认为，创业就是通过奉献必要的时间和努力，承担相应的经济、心理和社会风险，最终得到货币报酬与个人满足，并自主性地创造出有价值的新东西的过程。[③] 有学者在总结学界有关创业概念的基础上，提出创业是两种现象的结合，即有利机会的存在和有进取心的个体的存在。[④]

国内学者大多是直接采用国外学者的定义，但也有部分学者在借鉴国外学者研究的基础上从创新、创业过程和寻求商业机会等视角给创业下定义。如有的学者将创业界定为“一个发现和捕捉机会并由此创造出新颖的产品或服务和实现其潜在价值的过程”[⑤]。有的学者则突出创业内含的创新性特征，将创业理解为一个“为适应产品创新与营销模式创新的需要，而构建企业制度体系尤其是企业组织管理体系的动态过程”[⑥]。还有学者从

---

① 参见［美］彼得·德鲁克《创新与创业精神》，张炜译，上海人民出版社2002年版，第25页。这本书没有明确的定义，该表述借鉴了辜胜阻、肖鼎光、洪群联《完善中国创业政策体系的对策研究》（载《中国人口科学》2008年第1期）的总结。

② Robert C. Ronstadt, *Entrepreneurship*, Lord Publishing Co., 1984, p. 28.

③ 参见［美］罗伯特·赫里斯、迈克尔·彼得斯《创业学》，王玉译，清华大学出版社2004年版，第9～10页。

④ Scott Shane and S. Venkataraman, “The Promise of Entrepreneurship as a Field of Research,” *Academy of Management Review*, Vol. 25, No. 1, 2000, pp. 217－226.

⑤ 李志能、郁义鸿、罗博特·D·希斯瑞克：《创业学》，复旦大学出版社2006年版，第9页。

⑥ 刘健钧：《企业制度三层次模型与创业模式》，载《南开管理评论》2003年第6期。

经济学的角度定义创业行为，认为创业就是为了创建新企业而进行的以创造价值为目的、以创新方式将各种经济要素综合起来的经济活动。[①]

如何定义创业，首先要认识到创业的内在本质要素，对其定义既不能过于狭窄，也不能过于宽泛，而需要将创业的核心和主线融入创业定义中，即创业既是一个机会识别过程，又是一个企业相关要素的创新过程。基于此，本书认为创业的内涵包含三个方面的内容：第一，创业主体的创业动机是创业活动发生的"启动阀"，创业动机是推动创业者实施创业行为的主观理念和意识。第二，创业是创业主体基于自身优势发现或创造商业机会以及管理新创企业的过程。第三，特定领域的创业行为必然伴随着创新，因而创业往往也是一个创新的过程。由此可见，本书所定义的创业是具有创业动机的行为主体基于自身的人力资本优势，利用社会环境中的有利条件，去发现、开发市场机会，承担相应风险，建立新企业行为的过程。

正如对创业有多种不同的理解一样，学者们对大学生创业的内涵也有不同的界定。显然，大学生创业与其他群体的创业的本质具有共同性，只是机会识别和创新的主体是大学生。也就是说，大学生作为创业群体，必须满足一般创业者的属性，同时体现大学生创业群体的特点。在综合相关流派和观点的基础上，作为创业活动主体的大学生必须是市场机会的发现者、市场开发的实践者、市场风险的承担者三者的集合。但如何界定大学生又是个问题，相关法规和制度并没有对"大学生"作出明确的界定，如有的地方文件将"大学生"限定为高等院校在读和毕业未超过 2 年的大学生、研究生、博士和回国留学生（留学生按照国家有关规定确认）[②]，而有的文件则把大学生限定为普通高校在校生及毕业五年内的全国普通高校毕业生。本书综合国内的主要观点，将"大学生创业"的主体——"大学生"界定为具有学籍的高等学校在读学生和毕业五年内从事创业的毕业生，而将"大学生创业"界定为具有学籍的高等学校在读学生、毕业五年内的大专（高职）及以上学历人员通过发现和捕捉机会建立新组织，创造出新颖产品或服务，进而实现其经济与社会价值的过程。

---

① 参见葛建新主编《创业学》，清华大学出版社 2004 年版，第 13 页。

② 参见《科技型中小企业技术创新基金初创期小企业大学生创业项目（试点）工作指引》，上海创业公共服务信息网，http://www.12333sh.gov.cn/cyfw/cysy/xgzc/01/200902/t20090224_1061875.shtml。

二、创业政策

一般来说，政策是规范行为体活动的规则和规章的总和，政策是由一个或一批行为者为处理某一问题或有关事务而采取的路线和行为准则。创业政策是本书的核心概念，正如对创业的内涵有不同的理解一样，学界对创业政策内涵的认知也有很大的分歧。如前文所述，从渊源上看，创业政策是从中小企业的公共政策中分化和发展而来的。显然，中小企业公共政策和创业政策之间存在显著的内在关联性，但二者所规范和服务的对象以及政策目标却存在很大的差异。这是因为，中小企业政策的实施对象是已经存在的中小企业，政策的目标是促进现存中小企业的发展，关注的是中小企业的生产效率和竞争力因素以及运营环境的改善等问题；而创业政策的实施对象是支持和规范行为主体的创业行为，政策目标是使更多的人成为创业主体并刺激更多的创业活动发生。在政策实施过程方面，中小企业政策和创业政策在企业创业阶段尽管有重合之处，但总的来看，二者也存在明显的不同：创业政策从创业意识和动机培育阶段开始，到企业设立和成长的早期阶段结束；而中小企业公共政策则从企业创立阶段开始向后延续（如图 2-1）。

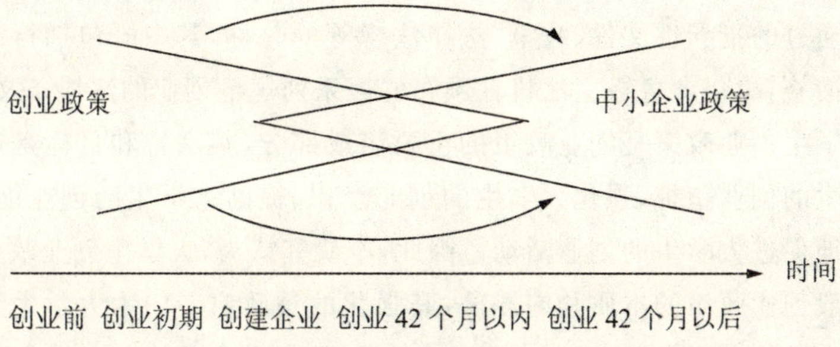

图 2-1 创业政策与中小企业政策的交叉关系[①]

由于创业政策对创业行为具有重要的影响，近年来国内外学术界开始对创业政策进行系统的分析和研究。如前文所言，较早关注并研究创业政策的两位西方学者是斯蒂文森和伦德斯特罗姆，此外，哈特、德盖特、科林斯

① Jan Degadt, *For a More Effective Entrepreneurship Policy: Perception and Feedback as Preconditions*, Reneontres de St. Gall, 2004, pp. 8－10.

等学者都从不同的角度对创业政策的定义和内涵进行了界定。

有关创业政策的界定，应关涉四个维度：一是创业政策实施的对象与时间维度。创业政策尽管与普通的中小企业公共政策有时间的重合，但整体来看，政策实施的阶段重点有很大差异。一般来说，创业政策实施对象是处于企业创立发展前期、创业开始阶段、创业开始后 42 个月内的企业。二是创业政策涉及的领域维度。一般地，创业政策制定和实施主要包括动机、机会和技能三个领域。三是创业政策的目标维度。创业政策的目标就是营造更好的创业环境，激励更多的人创建企业，为新企业创造更好的成长机会等。四是创业政策的主体维度，即创业政策属于政府行为，是政府所制定的鼓励规范创业者建立、扶持中小企业的政策和措施。

综合以上四个维度，笔者认为，创业政策是由各级政府机构颁布的，以激励和促进创业为目的，围绕创业过程各阶段，通过运用政策工具来提高创业者创业能力、增加创业机会、降低创业风险、改善创业环境的一系列政策法规的总和。这些政策法规既包括国务院及相关部委、省（市、自治区）政府出台的有关创业方面的一系列行政决定和意见，也包括全国人大、省人大和有立法权的市人大通过的有关规范创业的法律法规等一系列法律条文。因此，本研究的创业政策是指各级和各类政府机构为支持和规范创业活动而颁布或通过的指导性文件、政策、法律法规等的总称，其中既包括行政部门的政策措施，也包含各级立法机关颁布的一系列规范创业的法律条文。

大学生创业政策是创业政策的重要组成部分，其宗旨和目标是通过培养大学生的创业精神、强化大学生的创业意识、提高大学生的创业能力，从而有效地促进大学生的创业活动。因此，本研究认为，大学生创业政策除了具备一般创业政策的本质和内涵外，其强化的是政府专门为大学生制定的一系列鼓励创业、提高创业成功率、扶持企业成长的指导性文件和政策法规等。

三、创业政策体系

所谓政策体系，指的是不同政策单元之间和同一政策内部不同要素之间相互关联且与社会环境相互作用而形成的系统。一般而言，可按政策制定的主体和效力等级将组成体系的政策分为元政策、基本政策和具体政策等，这些政策都围绕一个核心目标在时空连续区上进行排列、组合，从而形成各政策要素间的内在互动和相对稳定的关系模式。

政策体系一般来说具有四个明显的特点：第一，政策体系具有整体性特点，即组成体系的各个政策都围绕一个目标和核心，各政策组成的是一个有机的整体。第二，政策体系具有依存性特点，即政策体系内各要素之间以及体系与环境之间存在着相互依存的关系。即在横向上，政策体系内部可依据不同的标准分为不同类别的单元政策，这些单元政策之间相互配合、协调，从而保障政策体系的内在完整性和内在统一性，如政治政策、经济政策、文化政策、社会政策等。第三，体系内在纵向上具有突出的层次性，即政策体系从高层到低层分为若干等级，高层级政策是低层级政策的原则和基础，低层级政策是对高层级政策的具体化。具体来说可将体系内的政策分为总政策、基本政策、具体政策等。第四，政策体系的结构都要随着社会环境的改变而不断调整，政策体系在与社会环境的关系方面体现出有序开放性。

创业政策体系无疑具有公共政策体系的上述特征。从概念的内涵看，它是基于创业过程不同阶段特点的各单元政策之间相互关联、同一政策内部不同要素之间相互关联、同时与社会环境相互作用而形成的整体性系统。这些政策都围绕着规范和促进社会创业行为这一目标进行排列、组合，从而形成各单元政策之间的内在有机互动和相对稳定的关系模式。从创业政策体系内的纵向结构看，政策体系内的政策可分为中央政府各机构颁布的创业法律和法规、省（市、自治区）政府机构颁布的创业法规和条例、地方政府机构颁布的创业政策和措施；从横向结构看，政策体系内的政策可分为创业教育政策、创业促进政策、创业环境政策等。

创业政策体系的构建可以实现三个方面的功能：一是可以避免单一政策之间的相互矛盾。由于创业活动涉及教育、金融、财税、人事等多个领域，必然涉及政府多个机构和部门，当部门间缺乏沟通与协调时，往往出现政策之间的交叉甚至矛盾。而创业政策体系的建立，可以从宏观层面进行规划和协调，实现政策体系的统一性和规范性。二是可以避免政策朝令夕改。单一政策的制定多是就某一阶段的具体情况和需要而设计，当问题得到缓解或出现新情况时，就会发布新的应对政策，政策朝令夕改，缺乏权威性。作为创业政策体系，由于它是一个完整的有机互动的整体，政策的变动牵一发而动全身，因此必须建立长效机制，避免政策的临时性、应急性，使政策在一定时期内稳定地发挥作用。三是在政策实施领域可以发挥综合治理功能，实现政策功能的最大化。在创业政策体系中，某一领域单元政策作用的大小以及能否实现政策预设目标不仅取决于政策本身，而且还取决于单元政策之间的互动效应。当政策体系的整体效应大于各单元政策效应之和时，政策体系就表现为正向效应，即显示“一加一大于二”的效应；反之，即为负向效应。因此，不同单元政策之间相互契合和有机互动的创业政策体系，在政策实施过程中可以实现各单元政策的最大正效应。

大学生创业政策体系是创业政策体系的重要构成，同时又自成体系，具有创业政策体系的基本特征和功能。首先，大学生创业过程是由多环节构成的，如营业执照的申办、注册和登记，政策资金扶持，各种创业教育和培训等，因此，大学生创业政策依据创业过程的各环节分成不同的单元政策，这反映出大学生创业政策的制定和实施与其他创业政策一样，具有同样的复杂性。其次，大学生创业政策体系是规范创业过程各阶段特点的各单元政策互动产生的结果，创业是由各环节构成的内在统一过程，这决定了规范各环节的单元政策之间也必然是一个相互关联的内在统一关系。再次，大学生创业政策体系具有动态性。大学生创业政策体系的构建不是静态的，而是要随着环境的改变不断调整，因而创业政策体系要根据国情和需求的变化作相应调整，以实现创业政策体系的整体性最大效能。

第二节　创业政策体系框架的不同观点

在对创业政策内涵研究的基础上，国外学者较早地开展了创业政策体系框架的研究，理论也较为成熟。有学者按照提出主体的不同，将创业政策体系框架分为两类①：

第一类为国际组织和社会团体提出的创业政策体系框架。具有重要影响的有欧盟创业绿皮书框架、全球创业观察(GEM)框架、欧洲委员会框架、瑞典小企业研究基金会框架、创业机会协会(Association for Enterprise Opportunity，AEO)框架和芬兰贸易与产业部框架等。如欧盟委员会于2003年提出了基于个人、企业和社会的“三维度”框架。在个人维度上，如何促进更多的人创业，主要要考虑四个方面的因素：进入障碍(entry barriers)、风险和收益(risk and reward)、技能的培育(fostering capacity and skills)、全体社会成员对创业的可获得性(making entrepreneurship accessi-

① 参见熊伟《大学生创业政策体系的构建框架与实施模式》，载《陕西教育学院学报》2009年第3期。

ble to all members of society)。在企业层面上,如何促进初创企业的成长,主要包括六个变量:环境规制(the regulatory environment)、税收(taxation)、有技能劳动力的可获得性(access to skilled labor)、金融支持的可获得性(access to finance)、帮助企业发掘知识和识别国际机会(helping firms to exploit knowledge and international opportunities)、内部创业和企业风险投资(intrapreneurship and corporate venturing)。在社会层面上,如何营造一个创业型社会,包括两个变量:对创业有更积极的态度(more positive attitudes towards entrepreneurship)、创业在实现社会目标上的作用(entrepreneurship's role in achieving social objectives)等。① 芬兰贸易与产业部的创业政策框架包括五个方面:创业教育、培训和咨询,创业初期、成长阶段和全球化过程,税收政策,地区政策,法律制度等。创业机会协会(AEO)从支持创业者和完善创业环境出发,于2003年提出了六个方面的创业政策内容,即建立创业社团、创造竞争优势、开展创业教育、提供融资支持、进行网络建设、有形基础设施建设等。②

第二类为由学者提出的创业政策体系框架,如斯蒂文森和伦德斯特罗姆两位学者认为动机、技能和机会是创业活动中的三个要素,公共政策的杠杆主要是对这三者产生作用,以改变创业活动发生的环境。因此,创业政策体系框架应该围绕动机、技能和机会这三个要素来设计。具体来说,需要包括促进创业文化、开展创业教育、减少进入障碍、启动资金/金融支持、商务支持以及刺激目标群体等六个方面的内容。③凯尼(Jay Kayne)则认为创业政策应关注新企业的出现及增长,指出创业政策体系应该包括创业共识、税收和规制环境、资金的获取、创业教育、知识资本五个方面。④ 佐尔坦·阿奇认为创业社会的核心目标在于以更高的效率进行创业、连续创新、加快经济增长以及促进社会公平,并将创业政策体系框架划分为四个层面,即个人层次的创业选择政策、企业层次的可行政策、经济层次的支持政策和社会层

---

① 参见欧洲共同体委员会《欧洲创业绿皮书》,COM (2003) 27 号决议文件,布鲁塞尔,2003年1月21日。

② 参见高建、盖罗它《国外创业政策的理论研究综述》,载《国外社会科学》2007年第1期。

③ Lois Stevenson, Anders Lundstrom, *Entrepreneurship Policy for the Future*, Swedish Foundation for Small Business Research, 2001.

④ Jay Kayne, *State Entrepreneurship Policies and Programs*, Kauffman Center for Entrepreneurial Leadership at the Ewing Marion Kauffman Foundation, 1999.

次的社会政策。[①]

还有西方学者运用实证方法在“国家制度框架”下对国家创业制度体系进行了研究。如克斯塔瓦（Tatiana Kostova）认为国家创业制度框架应有三个维度：一是规制（regulatory）维度，内容是反映包括法律、制度在内的公共政策对新企业所提供的支持，减少个人开办一家新企业所需面临的风险，以及为创业者获取资源的行动提供便利；二是认知（cognitive）维度，其内容反映人们创立和管理一个新企业的技能与知识；三是规范（normative）维度，其内容反映社会对创业者和创业活动的认可程度，与文化、社会习俗相关。这三个维度对创业者的竞争优势有很大程度的影响，也影响着创业活动的水平和类型。[②]

国内相关机构和研究者个人关于创业政策体系与创业的关系的研究还相对较少，但也有学者在借鉴西方学者相关研究成果的基础上，结合中国的实际，探讨了我国创业政策体系框架的问题。

方世建等基于斯蒂文森和伦德斯特罗姆对创业政策的分析，认为创业政策框架应包括创业教育、创业促进、减少进入和退出障碍、初创或种子融资、商业支持以及目标群体政策等六个方面的内容[③]，以满足创业活动对动机、机会和技术三要素的要求。与此相似，陈成文等主张创业政策体系应当包括促进创业文化、开展创业教育培训、减少进入障碍以及提供金融支持和商务支持等方面的内容。[④]

张钢等学者从企业生命周期的视角出发，将创业周期划分为种子期、成立期、生存期、发展期、成熟收获期五个阶段，通过分析不同阶段的关键影响因素，进而提出基于生命周期的创业政策模型。[⑤] 而王玉帅等基于创业过程的视角，将创业过程分为三个阶段，即动机阶段、机会阶段和初创企业成长阶段，在对各阶段特征进行分析的基础上，提出了各阶段的政策目标及相

---

① Zoltan J. Acs, *A Formulation of Entrepreneurship Policy*, The FSF-NUTEK Award Winner Series, 2001.

② Tatiana Kostova, *Country Institutional Profiles: Concept and Measurement*, Academy of Management Best Paper Proceedings, 1997.

③ 参见方世建、桂玲《创业、创业政策和经济增长——影响途径和政策启示》，载《科学学与科学技术管理》2009年第8期。

④ 参见陈成文、孙淇庭《大学生创业政策：评价与展望》，载《高等教育研究》2009年第7期。

⑤ 参见张钢、牛志江《创业政策关键要素探究》，载《科学学与科学技术管理》2009年第5期。

应的措施，从而构建起一个基于创业过程的创业政策理论框架。①

岑杰等认为"创业机会"是创业研究的核心问题，提出机会创造、机会识别和机会利用是创业的三大行为要素，并通过分析创业行为要素的影响因素，构建了基于"三维度"的理论框架。②

潘光林按照政策范围大小将创业政策体系分为宏观、中观、微观三个子系统。宏观子系统包含文化背景、社会政治经济制度、基础设施建设等方面的政策，主要作用是培养和塑造创业环境；中观子系统由创业教育、行业协会、风险投资机构等要素构成，该类政策的作用是提供创业技能和创业启动资金；而微观子系统则由家庭环境、角色偶像、个人体验等因素构成，政策的作用是使创业者形成从事创业活动应具备的心理品质，完善创业非智力因素。③

熊伟专门对大学生创业政策体系框架进行了探讨，通过对创业活动结构的基本维度与其11个基本分维度的组合，构建了一个包含开业优惠政策、舆论宣传政策、教育培训政策、产业引导政策、风险规避政策等14项核心政策的大学生创业政策体系的推荐性开放框架结构。④ 杨邦勇从大学生创业政策支持系统的角度将大学生创业政策划分为创业教育政策、融资政策、促进政策、环境政策，并从功能方面简述了各类政策的作用。⑤

由此看来，国内外学者都基于不同的视角和标准提出了创业政策体系的理论框架，而各理论框架都各具优势和独特的解释力，但也存在视角单一、理论解释不够全面等问题。在诸多关于创业政策体系的研究中，斯蒂文森和伦德斯特罗姆构建的创业政策体系理论框架最具代表性和影响力，该理论框架不仅很好地处理了创业教育、创业促进、创业融资、创业环境和创业目标群体战略等相互之间的内在关系，维持了创业政策体系内在的整体性和统一性，而且还奠定了其他理论框架的基础。

---

① 参见王玉帅、黄娟等《创业政策理论框架构建及其完善措施：创业过程的视角》，载《科学进步与对策》2009年第10期。

② 参见岑杰、刘绍涛、胡国庆《创业政策系统化转型理论模型研究》，载《内蒙古财经学院学报》2009年第3期。

③ 参见潘光林《创业及其支持系统》，载《统计教育》2001年第3期。

④ 参见熊伟《大学生创业政策体系的构建框架与实施模式》，载《陕西教育学院学报》2009年第9期。

⑤ 参见杨邦勇《构建我国大学生创业政策支持系统的理论思考》，载《福建工程学院学报》2010第2期。

第三节 我国大学生创业政策体系理论框架构建的原则

创业是一个复杂的过程，存在多方面的影响因素，这其中哪些因素是创业的促进因素，如何通过构建合理的创业政策体系来促进这些因素的形成并使其发挥应有的作用，对现行的大学生创业政策体系应该如何研究，以及对这一政策体系又该以什么标准对其进行评价，这是本研究要重点解决的问题。明确的理论框架结构是构建具体框架的前提，鉴于本研究的研究主题是"大学生创业政策体系"，而我国的大学生创业政策体系正在构建之中，这就迫切需要从应然状态的理论视角构筑一个创业政策体系分析框架。该框架除了奠定本研究的理论基础、明晰研究思路和研究边界外，还具有两个功能：一是作为分析、衡量和评估实然状态的国内大学生创业政策体系的标准；二是基于该体系框架，提出完善我国大学生创业政策体系的路径和策略。

构建大学生创业政策体系理论框架的具体目标是通过发挥体系内各要素之间的内在关联性，使各单元政策实现相互契合和有机统一，发挥创业政策的整体性效能，以便减少进入障碍、降低创业风险、改善创业环境，切实有效地促进大学生的创业活动。大学生创业政策体系构建应遵循以下具体原则：

一、大学生创业政策体系理论框架必须与创业的过程演进维度相契合

创业过程是行为主体在与周围环境长期互动中，萌发创业动机，感知、发现和评估市场机会，整合环境资源开发机会，从而创建新组织并获取收益和承担风险的过程。从过程维度可以将整体创业的时间序列分为创业前、创业初期、创建企业、创建企业 42 个月以内、创建企业 42 个月以后①，从企业生命周期角度可以将创立企业的生命周期分为种子期、成立期、生存期、发展期、成熟收获期五个阶段②。综合来看，创业过程至少可分为四个阶段：创业动机阶段、创业机会感知和发现阶段、整合环境资源并创办企业阶段、新企业成长阶段。创业政策体系构建的目的是在对创业过程各个阶段

① 参见熊伟《大学生创业政策体系的构建框架与实施模式》，载《陕西教育学院学报》2009 年第 9 期。

② 参见张钢、牛志江《创业政策关键要素探究》，载《科学学与科学技术管理》2009 年第 5 期。

和环节的特点和规律进行剖析的基础上，制定与不同创业阶段相应的单元政策，以引导和规范相应阶段的创业行为。因此，大学生创业政策体系的构建必须符合创业过程各环节和各阶段的特点，以及不同环节之间的内在逻辑关系。也就是说，创业政策体系的构建应该从创业完整过程着手，即创业政策体系结构要素应该涵盖从创业动机阶段到新企业成长阶段的整个过程。这样既可以从个体角度认识不同单元政策的内容、特点，又能从宏观整体角度把握，保证各单元政策之间的关联性和互动关系。从创业过程和创业活动出发，分析不同创业阶段和环节的政策需求，以便有针对性地提供政策支持，同时又能基于创业各环节之间的内在关联性使这些不同单元政策之间形成有机的内在统一体。由此可见，大学生创业政策体系下各单元政策必须与创业过程各阶段相吻合，各单元政策应符合创业过程相关环节的内在规律和需求，并推动相应阶段创业活动的发展。

二、大学生创业政策体系理论框架必须围绕创业的核心要素维度设计

如前文所言，创业活动不仅是一个过程，还是创业者创业动机、创业技能及创业机会相结合的结果，大学生创业政策体系框架的构建应围绕创业所需求的动机、技能、机会这三个核心要素来设计，因而大学生创业政策体系的建立需要从这三个维度展开。无论是创业政策还是创业政策体系的设计和实施都需要围绕激发创业动机、培育创业技能、提供创业环境和机会来进行，而不是从某一个方面的单向推进。基于创业核心要素的相互匹配构建大学生创业政策体系，就能够使大学生创业政策体系框架下的各单元政策之间保持协调均衡和内在统一。

三、大学生创业政策体系理论框架必须与其所依存的环境要素相融合

任何的政策都需要在一定的环境中运行，因此政策能否适应或者融合其所存在的环境就成为影响政策实际效果的重要因素。现实中常常遇到的问题是，政策本身没有问题，但政策的设计过于前移或者与环境不相适应，这不仅可能导致政策的实施难以达到预期效果，甚至会产生相反的作用。从环境角度可确定影响创业的相关要素包括政治环境（如政治资源、政治模式、政治局势等要素）、经济环境（如经济制度、发展水平、产业结构、劳动力结构、物资资源状况、消费水平、消费结构等要素）、文化环境（教育、科技、文艺、道德、宗教、价值观念、风俗习惯等要素）等。大学生创业政策体系的构

建需要充分认识创业环境对创业的影响，通过创业环境政策的规范和引导，创造能够支持创业活动的环境要素。

四、大学生创业政策体系框架还需考虑大学生群体的特殊性

作为创业政策体系中特殊群体细分的大学生创业政策体系，其构建应当充分考虑大学生群体及其创业活动所具有的独特性，大学生创业政策体系的构建需要紧紧围绕满足这一特殊群体来设计。综合一些学者的研究观点，作为创业行为主体的大学生群体具有如下几个方面的特征：一是大学生在个性特征、家庭背景、职业追求等方面存在较大的差异性，创业态度和创业动机不尽相同，表现出多样性；二是大学生拥有良好的专业背景和较高的综合素质，具有较强的创造力和可塑性；三是大学生创业活动涉及的领域较为广泛，创业形式多样化；四是大学生一般缺乏社会阅历和独立从事管理工作的能力，在人脉、资金、经验、信用等创业活动支持条件方面明显处于弱势，且承担风险的能力较低。大学生创业政策的制定和体系的构建需要考虑大学生的上述特点，并满足这一特殊群体相应的功能需求。

第四节　我国大学生创业政策体系理论框架的结构要素及其相互关系

大学生创业政策体系的构建是一项复杂的系统工程，政策制定的主体虽然是政府，但政策涉及的领域和内容则包括知识、技术、资金、社会环境等各个方面，创业政策涉及的时段也涵盖了从创业开始之前、开始创办企业和企业成长的整个过程。因此，从理论上说，完全的大学生创业政策体系应该充分反映并满足创业活动的过程演进维度、核心要素维度、环境依存性维度，同时要考虑到大学生群体的特殊性。但从现实情况看，由于创业政策体系的构建和实施要受到诸多因素的限制，各国创业政策体系及其内含的各单元政策都难以与创业过程的各个环节形成完全一致的对应关系，从而达到创业政策体系构建的理想状态，因此，创业政策体系下的各单元政策与创业过程的相关阶段只能是一种有限的对应关系。

一、我国大学生创业政策体系理论框架的结构要素

基于动机、技能、机会三要素理论以及上述的创业政策体系构建原则和

目标，在认真总结已有政策实践基础上，结合我国大学生创业实践的实际需求，笔者认为我国大学生创业政策体系框架应包括创业教育、金融支持、税费减免、降低进入壁垒、提供创业服务和培育创业文化等方面的内容。具体可分为四个单元政策，即创业教育政策、创业融资政策（金融支持）、商务支持政策[①]（税费减免、降低进入壁垒）和创业环境政策（创业服务和创业文化）。其中，创业教育政策既属于动机要素范畴，也属于技能要素范畴；商务支持政策和创业融资政策属于机会要素范畴；而创业环境政策既内含动机要素，又包括机会要素范畴。这四个单元政策之间的相互关联和有机互动构成了创业政策体系的整体性和统一性，从而使大学生创业政策体系形成一个逻辑严密的有机统一体。

1. 创业教育政策

创业教育政策是政府为鼓励和支持教育系统对大学生进行创业观念、创业技能的培育，使大学生获得企业家思维和创业能力而制定的一系列规范和措施。研究表明，只有当人具有的特征与创业所要求的创业者特征相吻合时，创业才能取得成功。特别是当个人维度（创业动机、识别机会的能力、个人毅力、人力和社会资本、社会技巧）越高时，个人创业成功的可能性就越大。[②] 而个人维度中各项能力的获得往往需要通过创业教育才能实现。创业教育政策的目标和功能就是通过教育系统培育大学生创业的动机，提高创业技能和能力，使大学生能够充分利用知识并发挥其作用来创建新企业。创业教育政策的内容应当既包括对大学生进行创业知识和技能培育的政策，也包括规范教育系统进行创业教育的政策，如推动创业教育的相关立法、保障教育机构实施创业教育的规章、推进高等学校进行创业教育课程体系改革的措施、促进高校创业教育师资队伍建设政策，等等。

在创业政策体系中，创业教育政策是整个创业政策体系框架的内部动力来源，从政策与创业过程的对应关系来看，创业教育政策主要作用于创业过程的第一、二阶段，即创业动机阶段和创业机会感知和发现阶段。

2. 创业融资政策

创业融资政策是政府为大学生创业者获得创业资金而制定的一系列优

---

① 商务本来是指一切与买卖商品服务相关的商业事务，本书的商务支持政策指的是政府给予创业者从事创业行为在准入、行政收费和税收等方面的优惠和扶持政策。

② G. D. Markman, R. A. Baron, "Person-entreprenerurship Fit: Why Some People Are More Successful as Entrepreneurs than Others?" *Human Resource Management Review*, Vol. 13, No. 2, 2003, pp. 281－301.

惠政策。资金是创业的基础，解决创业启动阶段和创业早期阶段的创业融资问题是决定创业成败的关键因素。新创企业除自筹资金外，一般通过银行、证券公司、风险投资公司等金融机构获得企业所需的初始资金。一般来说，政府的融资政策主要有三种方案：信贷担保、直接贷款和直接资助。

创业融资政策直接影响着创业融资环境，政府通过制定政策鼓励并支持各种资本参与大学生创业项目，有效拓宽创业融资渠道和方式，进而为大学生创业提供良好的物质基础保障。创业融资政策主要作用于创业过程中的第三、四阶段，即企业创办阶段和新企业成长阶段，相关政策措施包括：设立大学生创业基金；制定鼓励金融机构向创业大学生提供融资支持和优惠的相关政策，如简化贷款手续，降低贷款门槛，提高贷款额度等；由政府和社会机构共同设立专门的贷款担保机构，为大学生提供信贷支持；采取有助于大学生拓宽创业融资渠道的其他政策性金融措施和商业性金融措施；等等。

3. 商务支持政策

创业需要各级政府机构的协调支持，需要从中央机构的顶层设计到地方具体运行操作层面的协调一致，因而需要着力整合政府相关机构，增加其输出政策的系统性和权威性。大学生创业的商务支持政策，其目标就是通过政策工具减少大学生在创业过程中的进入和退出壁垒，以降低创业成本。商务支持政策属于机会要素范畴，主要作用于创业过程的第三、四阶段，包括如下两个方面的内容：一是市场准入政策，包括登记所需最低资本要求方面的政策，申办企业所支付的费用、时间、手续等方面的政策等；二是创业税费减免政策，内容涉及调低税率、延长减免税年限、增加优惠税种、提高税收起征点等政策。作为政府干预经济活动的有力工具，税收对创业活动及其绩效的影响是巨大的，通过税收的调节作用以降低创业的成本。

4. 创业环境政策

创业行为总是在一定的环境中进行，两者表现出很强的相关关系，创业环境的优劣在一定程度上影响大学生创业的成败与可持续发展，良好的创业环境是创业活动得以顺利进行的重要保障。广义上的创业环境是指创业者从事创业活动中，除创业者自身要素之外的各种因素的综合。如有国外学者将政府政策和工作程序、社会经济条件、创业和管理技能、对创业的资金支持以及对创业的非资金支持等内容都纳入创业环境的范围。[1] 本书所

---

① Devi R. Gnyawali & Daniel S. Fogel, "Environments for Entrepreneurship Developments: Key Dimensions and Research Implications," *Entrepreneurship Theory and Practice*, Vol. 18, No. 4, 1994, pp. 43－62.

指的创业环境是除创业教育、商务支持、创业融资等以外的因素，将其分为硬环境和软环境两方面，硬环境主要指场地及基础设施建设等，而软环境主要包括社会文化环境（创业文化氛围、国民对创业的态度）和创业服务保障（政务服务、创业培训、创业服务平台建设）等方面。创业环境不仅影响着创业者创业的动力和对创业的态度，而且也关乎着创业机会的种类和数量，因而创业环境政策应作用于创业活动的全过程。通过大学生创业环境政策的制定和实施，帮助大学生树立正确的创业观，并培育社会创业文化，营造鼓励创业、尊重创业人才、崇尚创业精神的创业软环境，从环境因素培育和激发大学生的创业动机，从而增强大学生创业的意识。

二、我国大学生创业政策体系框架下各单元政策之间的相互关系

通过对创业政策体系结构要素的分析和比较，创业政策体系内蕴的四个单元政策具有不同的功能，发挥着不同的作用，同时这四个单元政策又存在相互依存、相互作用的关系，进而从不同的层面支撑着大学生创业政策体系的有序运行，共同推动大学生创业政策体系功能的整体性发挥（如图 2-2）。

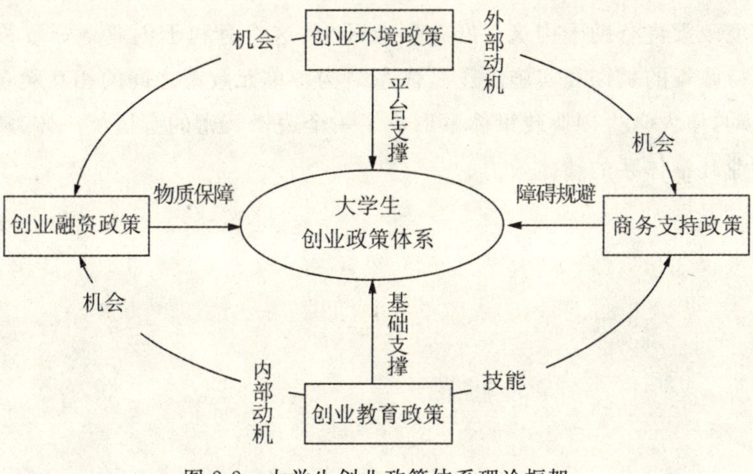

图 2-2 大学生创业政策体系理论框架

创业教育政策的主要功能是为教育系统对大学生进行系统的创业教育提供政策支持。创业教育政策是大学生创业支持系统的内部动力来源，通过创业教育政策的实施激发大学生创业的动机，培养大学生的创业技能，提升大学生创业能力，因而大学生创业教育政策在创业政策体系框架下具有基础性作用。

创业融资政策的主要功能则在于为大学生创业提供物质基础保障。通

过创业融资政策的支持，大学生获得创建企业的资金，从而能够获取创业机会，因而创业融资政策在创业政策体系框架下具有核心地位；商务支持政策的主要功能是规避创业过程中的障碍因素，降低创业的成本，鼓励和推动大学生的创业行为。创业商务支持政策在创业政策体系框架下具有创业保障作用。无论是创业融资政策还是商务支持政策，都属于大学生创业政策体系中的枢纽性政策，对促进大学生成功创业具有特别突出的全局性重要作用。

创业环境政策的功能是为大学生创业营造和谐的社会环境，为大学生创业活动提供平台支撑，良好的创业环境政策能够从外部激发大学生的创业动机，同时良好的创业环境也蕴含着创业机会，因而创业环境政策培育了创业所需要的动机、机会等核心要素。

从创业政策体系中各结构要素的相互关系看，创业教育政策与创业环境政策互为平台和支撑，从内部和外部共同激发大学生的创业动机。通过创业教育政策的实施，可以使大学生获得识别、捕捉和利用创业机会的能力，进而运用创业融资政策和商务支持政策实现创业目标。同时，有效的创业环境政策将有助于构筑良好的创业环境，这将有利于创业融资政策和商务支持政策的贯彻和实施。正是体系结构各单元政策之间的相互契合和有序互动，使大学生创业政策体系形成了一个逻辑严密的有机统一体，从而发挥创业政策体系的整体效力。

第三章 我国大学生创业政策体系的演进与成效

我国大学生创业政策体系作为国家创业政策体系的重要组成部分无疑是依托国家创业政策体系产生的。20世纪末我国大学生创业活动的产生及相关创业政策的出台是在国家创业政策大环境下，适应高校招生和就业制度的改革而逐步形成的。国家关于规范创业活动的相关制度、规定、意见和具体政策措施，以及中央教育体制改革中关于高校招生、就业、创业制度的改革内容，都为大学生创业政策体系提供了渊源。

在1978年以前，受意识形态领域左倾错误思想的影响，国家"以阶级斗争为纲"，采取"严重的社会主义步骤"，对非公有经济持批判、否定和取消的态度，因此，与非公有经济紧密相联的创业活动几乎得不到任何政治上的认可，更谈不上政策上的支持。党的十一届三中全会后，通过党的大会和法律修正确立了私营经济"是社会主义公有制经济的补充"的政治地位，私营经济确立了其合法地位后开始加速发展。1989年，国务院批转了国家教委《关于改革高等学校毕业生分配制度的报告》和《高等学校毕业生分配制度改革方案(中期改革方案)》，提出的改革目标是毕业生自主择业，用人单位择优录用，双方"双向选择"。此时，美国大学校园的创业活动开始兴起。1992年10月，党的十四大提出了建立社会主义市场经济体制的改革目标。1993年12月，第八届全国人民代表大会常务委员会第五次会议通过了《中华人民共和国公司法》，对有限责任公司和股份有限公司的设立与创办作出了详细的规定。1995年5月，国家提出实施"科教兴国"的发展战略，并出台《中共中央国务院关于加速科学技术进步的决定》，鼓励科研院所、高等学校创办各种形式的高技术企业。随后，又相继出台和通过了一系列政策和法律，如国家科委1996年2月出台的《国家高新技术产业开发区管理暂行办法》，1996年5月通过的《中华人民共和国促进科技成果转化法》，国务院于1996年10月颁布的《关于"九五"期间深化科学技术体制改革的决定》等。这一时期，公共政策开始重视和大力推进高新技术领域的创业活动，激励创办企业实现成果转化，激发创业活动，科研院所和高等学校第一次成为被鼓励创办企业的对象。同期，高等教育改革也有新的进展，国家教委于1994年出台的《关于进一步改革普通高等学校招生和毕业生就业制度的试点意见》扩大了"双向选择"的试验范围。在全球知识经济时代和中国社会主义市场经济影响的创业大环境背景下，我国的高校在20世纪90年代开始关注创业及创业教育，这才有了1998年清华大学的首届"清华创业计划大赛"和大学生创业活动。

第一节　我国大学生创业政策体系的缘起与演进

一般认为，我国大学生创业政策发端于20世纪90年代末。1998年，清华大学发起首届"清华创业计划大赛"，首次将创业活动引入了国内大学校园。次年，由团中央等部门联合举办了首届"挑战杯"中国大学生创业计划竞赛，进一步扩展了大学生创业活动在高校的影响，创业成为了高校大学生的热门话题，并以此为载体兴起了从校园走向市场的大学生创业活动。[①]随着大学生创业规模的不断扩大及其社会经济效益的日益显现，特别是就业形势的日趋严峻，政府开始制定相关政策引导和鼓励大学生的创业。综观我国大学生创业政策体系的产生和发展，其演进过程大致经历了四个阶段。

一、大学生创业政策体系的探索阶段(1999～2002年)

首届"清华创业计划大赛"成功举办后，创业问题受到教育部的重视。教育部于1999年1月制定并由国务院批转发布了《面向21世纪教育振兴行动计划》，提出要"加强对教师和学生的创业教育，采取措施鼓励他们自主

---

① 参见夏人青、罗志敏、严军《中国大学生创业政策的回顾与展望(1999～2011年)》，载《高教探索》2012年第1期。

创办高新技术企业”。该文件的发布表明了国家对大学生创业活动持鼓励和支持的态度。同年5月，教育部、中央组织部、人事部、中央机构编制委员会办公室、财政部《关于进一步做好1999年普通高等学校毕业生就业工作的意见》进一步提出：“鼓励和支持毕业生到非国有制单位就业或自主创业。”一些地方政府随即也开始制定政策鼓励高校毕业生创业，最具代表性的文件就是1999年上海市高校毕业生就业办公室出台的《上海市关于鼓励大学毕业生自主创业若干意见（试行）》，成为较早探索试行鼓励高校毕业生创业的地方政策。[①] 2002年4月，教育部召开普通高校“创业教育”试点工作会议，清华大学等9所高校被确定为创业教育试点院校，教育部给予政策和资金支持。次年，教育部举办了首期“创业教育骨干教师培训班”，推动高校创业教育的开展。

总的来看，这一阶段的大学生创业政策尚处于探索阶段，创业政策主要作为改革高校毕业生就业制度的一部分由教育部独自发布，且以鼓励为主，政策较为原则和笼统，没有实质性的内容和措施。同样，由于这一阶段创业政策主要表现为创业教育政策，政策涉及的创业环节相对单一，大学生创业政策体系仅处于探索萌芽阶段。

二、大学生创业政策体系初建阶段（2003～2007年）

我国的高等教育自1999年开始大规模扩招，当年的招生规模即从1998年的108万人扩大到159万人，增长幅度达到48%。[②] 到2002年我国高等教育毛入学率即达到了15%，2007年更是达到23%[③]，我国高等教育真正迈入了大众化时代。高等学校扩招是我国经济可持续发展的客观要求和跨世纪教育适应全球变革的必然反映，但是，高等学校的急速扩招带来了大学生就业压力的陡增。面对高校毕业生就业出现的困难，国家将创业作为了缓解就业的重要渠道，积极出台鼓励和支持大学生自主创业的优惠政策。2003年5月，国务院办公厅颁布了《关于做好2003年普通高等学校毕业生就业工作的通知》（国办发[2003]49号），首次以国务院的名义提出“鼓

---

① 参见唐志敏、苗月霞《我国高校毕业生创业政策分析》，载《第一资源》，2011年第2期。

② 参见《教育部承认1999年高校扩招致如今就业难》，http://news.21cn.com/domestic/yaowen/2008/10/09/5294084.shtml。

③ 参见《教育部：2011年全国高等教育毛入学率达26.9%》，http://edu.qq.com/a/20120831/000128.htm。

励高校毕业生自主创业和灵活就业”,并规定对从事个体经营的高校毕业生给予减免各项行政事业性收费,提供创业小额贷款和担保等优惠政策。这标志着大学生创业政策开始受到政府的重视并步入实质性的推动阶段。此后,政府有关部门纷纷出台鼓励、支持大学生自主创业的政策和文件。如财政部、国家发展和改革委员会共同出台文件,对高校毕业生从事个体经营有关收费问题进行了具体的规定。2006 年,中国人民银行、财政部、劳动和社会保障部出台了《关于改进和完善小额担保贷款政策的通知》(银发[2006]5号),对高校毕业生自愿到西部及基层创业的提供小额担保贷款及贴息补助问题作出规定。同年,教育部、中央组织部、中央宣传部等十四个中央部委联合发布《关于切实做好 2006 年普通高等学校毕业生就业工作的通知》(教学[2006]8 号),要求各地要积极组织开展创业培训、开业指导等“一条龙”服务,提供必要的人事劳动保障代理服务,搭建毕业生自主创业“绿色通道”。2007 年,财政部、国家税务总局连续出台了《关于国家大学科技园有关税收政策问题的通知》(财税[2007]120 号)和《关于科技企业孵化器有关税收政策问题的通知》(财税[2007]121 号)两部文件。地方政府,如山东、浙江、天津、上海等省市,也陆续出台为大学毕业生创办企业减免税收、行政性收费以及贷款贴息等配套政策措施。

这一阶段大学生创业政策的特点,一是创业政策制定主体呈现出多元化趋势,不仅教育部,而且国务院、财政部、发改委等部委都直接参与了政策制定;二是创业政策已从创业教育延伸到了创业融资、商务支持、创业环境等创业相关领域,如相关规定明确了税费减免和小额担保贷款的具体政策,出台了关于促进创业培训、创业服务的政策,这表明创业政策涉及的领域更加多元,虽然实质性的内容还相对较少,但单元政策已经实现了对创业过程各个环节的全覆盖。至此,可以说我国大学生创业政策体系已经初步形成。

三、大学生创业政策体系基本建立阶段(2008～2012 年)

2007 年 8 月美国次贷危机引发了全球性经济危机,在此影响下,世界经济增长停滞,中国经济也出现了增速放缓的现象,许多企业纷纷裁员,以缩减人员开支,导致大学毕业生就业形势更加严峻。通过促进创业来带动大学生就业,就成为了国家大学生创业政策的一个愈加明确的政策信号。

党的十七大提出“提高自主创新能力，建设创新型国家”和“促进以创业带动就业”的发展战略。在这一背景下，2008年我国颁布实施了《就业促进法》，政府首次从立法的层面关注创业问题，提出各级行政部门要通过简化程序和提高办事效率等措施，为劳动者自主创业和自谋职业提供便利。在此基础上，政府又颁布了一系列政策法规，要求改善创业环境，加强创业培训和创业服务，形成“政策扶持、创业培训、创业服务‘三位一体’的工作机制”。[①] 创业扶持政策自此逐渐完善，从单一支持某一领域变成多措并举、全面推进。2010年5月，人力资源和社会保障部发布了《关于实施大学生创业引领计划的通知》(人社部发[2010]31号)，提出了未来3年(2010～2012年)的工作目标和主要任务，即引领45万名大学生实现创业，并且使具有创业愿望且具备创业条件的大学生都能获得创业的指导和相关服务。为培养适应创新型国家建设需要的高水平创新人才，2012年2月，教育部出台文件实施国家级大学生创新创业训练计划，该计划设立了三类项目，即创新训练项目、创业训练项目和创业实践项目，文件对参与高校、经费支持和组织实施办法作了具体规定。[②] 我国大学生的创业教育又向前推进了一步。这一时期，各地也陆续出台了落实中央关于高校毕业生创业政策的具体措施。如天津市出台新政策，提出“对高校毕业生、留学回国人员注册资本50万元以下的公司可零首付注册，并开辟‘绿色通道’”[③]。江西省制定了《小额担保贷款财政贴息资金管理办法》。福建省实施了大学生“十百千万”创业助力计划，“在全省建立10个高校毕业生创业培训基地，扶持100个高校毕业生创业项目，为1000名有创业意向的高校毕业生提供系统的创业辅导，组织10000名高校毕业生参加创业培训”[④]。

总的来看，在这一阶段，政府已将促进大学生就业、创业纳入其重要日程，因而在创业政策层次上不仅政策制定主体更加多元，初步形成了多部门

---

① 参见《国务院办公厅转发人力资源社会保障部等部门〈关于促进以创业带动就业工作指导意见〉的通知》(国办发[2008]111号)，2008年9月26日。

② 参见《教育部关于做好“本科教学工程”国家级大学生创新创业训练计划实施工作的通知》(教高函[2012]5号)，2012年2月22日。

③ 《天津鼓励自主创业大学生开公司可零首付注册》，http://www.tj.xinhuanet.com/2008-11/03/content_14810313.htm。

④ 《福建省大学生“十百千万”创业助力计划实施意见》，http://www.fjrs.gov.cn/xxgk/cszy/sdzzbysjygzzx/zzcy/200906/t20090604_204290.htm。

政策制定的联动与协调，而且开始从法律层面上规范创业相关活动，创业政策不仅延伸到大学生技能培训、金融支持、创业服务及创业环境改善等各个领域，而且创业政策各单元的子体系也日臻完善，至此，我国的大学生创业政策体系已基本建立起来。

四、大学生创业政策体系的完善和发展阶段(2013 年至今)

2012 年 11 月，党的十八大召开。党的十八大报告提出："引导劳动者转变就业观念，鼓励多渠道多形式就业，促进创业带动就业。"①2013 年，国务院办公厅发布《关于做好 2013 年全国普通高等学校毕业生就业工作的通知》(国办发[2013]35 号)，要求各地区和各有关部门积极完善创业政策，对自主创业高校毕业生进一步放宽准入条件，降低注册门槛，给予小额担保贷款及贴息、税费减免等政策扶持。同时要求积极推进大学生创业孵化基地建设，为创业毕业生提供"一条龙"创业服务。财政部《关于加强小额担保贷款财政贴息资金管理的通知》(财金[2013]84 号)进一步完善了小额担保贷款的贴息政策。2013 年，党的十八届三中全会通过的《中共中央关于全面深化改革若干重大问题的决定》提出："要健全促进就业创业的体制机制，完善扶持创业的优惠政策，形成政府激励创业、社会支持创业、劳动者勇于创业新机制。"②会议对包括金融体制、财税体制、行政体制等方面提出了深化改革的方案，并把非公有制经济提到了更为重要的地位。这些都表明政府对大学生创业的重视，将从创业大环境上提供更加宽松的政策支持。2014 年 5 月，人力资源和社会保障部等九部门《关于实施大学生创业引领计划的通知》(人社部发[2014]38 号)提出 2014～2017 年实施新一轮"大学生创业引领计划"，明确地提出了实施新一轮"大学生创业引领计划"的预期目标。同时要求各地有关部门要从普及创业教育、加强创业培训、提供工商登记和银行开户便利、提供多渠道资金支持、提供创业经营场所支持、加强创业公共服务六个方面综合施策，为大学生创业提供支持和服务。随后，国务院办公厅发布《关于做好 2014 年全国普通高等学校毕业生就业创业工作的通

---

① 中央文献研究室编：《中国共产党第十八次全国代表大会文件汇编》，人民出版社 2012 年版，第 33 页。

② 《中共中央关于全面深化改革若干重大问题的决定》(十八届三中全会重要决定单行本)，人民出版社 2013 年版，第 44 页。

知》(国办发[2014]22号)，提出“要充分发挥市场配置人力资源的决定性作用，着力改革创新，完善政策措施，强化就业创业服务，改善就业创业环境，引导高校毕业生转变就业观念，力争实现高校毕业生就业和创业比例都有所提高”[①]。随即，教育部出台文件，“允许在校学生休学创业”[②]。2015年2月，人力资源和社会保障部下发《关于做好2015年全国高校毕业生就业创业工作的通知》(人社部函[2015]21号)，将切实抓好就业创业政策的落实放在首位，强调各地要将高校毕业生创业的税收优惠、小额担保贷款、创业培训和创业服务等各项优惠政策落实到位，“确保政策落实‘最后一公里’畅通”。[③] 随后，政府又多次颁布文件，加大对小微企业税收的优惠力度，简化行政审批程序，以此促进创业环境的优化。2015年3月，全国“两会”召开，“大众创业，万众创新”被正式确立为我国经济转型和保增长的引擎之一，由此开启了全民关注创业、万众支持创业的新时代。

总的来看，这一阶段党的文献及政府文件的相关规定进一步表明，我国政府更加重视我国大学生创业问题，将创业纳入我国经济发展的战略规划和议程，从政策涉及的领域到政策对大学生创业支持的力度来看，都达到了历史最好阶段，并且国家更加重视对大学生创业政策的落实，这一时期我国大学生创业政策体系已更加完善。

综观我国大学生创业政策体系的演进过程(见图3-1)不难发现，伴随着20世纪90代以来我国社会的快速转型和我国经济体制改革的不断深入，大学生创业政策体系经历了孕育、诞生、发展和逐步完善的四个阶段。具体而言，大学生创业政策体系从无到有，从个别领域的单元政策延伸到涵盖创业过程各个环节的多单元政策。经过10多年的发展，我国大学生创业政策体系已初步形成了以国家法规政策为宏观指导、地方法规政策为配套实施措施，内容涵盖创业教育、创业融资、商务支持和创业环境等内容的大学生自主创业政策体系，并且在进一步完善。

---

① 《国务院办公厅关于做好2014年全国普通高等学校毕业生就业创业工作的通知》(国办发[2014]22号)，2014年5月9日。

② 《教育部关于做好2015年全国普通高等学校毕业生就业创业工作的通知》(教学[2014]15号)，2014年11月28日。

③ 《人力资源和社会保障部关于做好2015年全国高校毕业生就业创业工作的通知》(人社部函[2015]21号)，2015年2月9日。

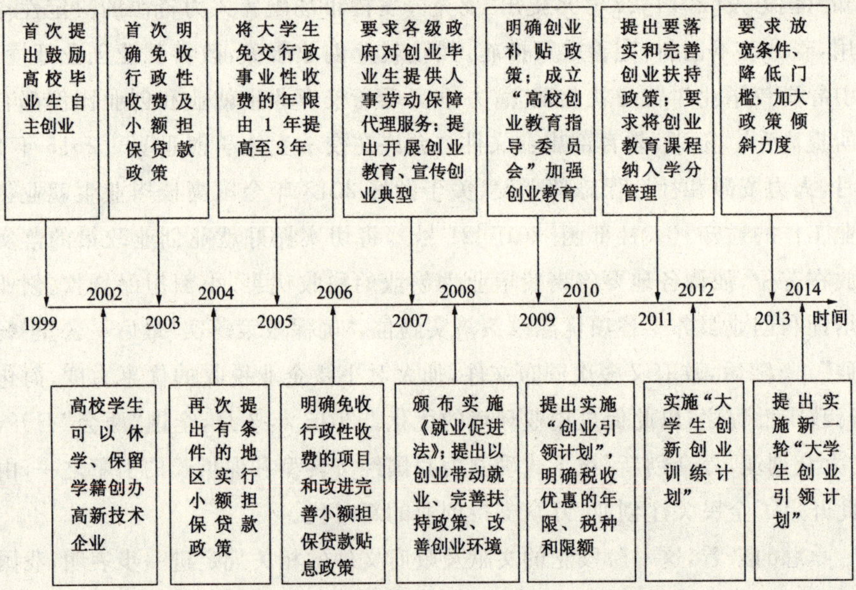

图 3-1　我国大学生创业政策演进简图

第二节　我国大学生创业政策体系的实施成效

我国大学生创业政策从诞生到创业政策体系的形成和发展也仅有 10 多年的时间，但其有力地推动了大学生的创业活动，逐步改变了大学生的就业观念，缓解了大学生就业压力，从而成为推动我国经济发展的又一动力。

一、大学毕业生的就业观念明显改变

在我国的传统观念中，大学生是“天之骄子”，毕业后理应找到一份体面、稳定的工作。同时，计划经济时代实行的“统一分配”政策也一直影响着人们的思维模式，人们的潜意识中对职业仍然存在高低贵贱之分，大学毕业生到政府部门、事业单位、国有企业就业成为首选，很多人认为找不到工作的学生才去创业。然而，随着近年来国家对大学生创业的重视，各级政府相继出台一系列创业优惠政策，尤其是创业政策体系的日益完善，这一情况已经有了较大改观。全国高校学生信息咨询与就业指导中心曾做过一份近万名大学生的问卷调查，结果显示，25.93%的大学生有强烈的创业意愿，53.02%的大学生有过创业意愿，两者占比达到 78.95%，反映出大学生普

遍有了创业的愿望。在“你对大学生创业的看法”的选项中，被调查者中支持大学生创业的占 57.7%，没有意见的占 8.6%，反对的仅占 4.2%。[①] 2012 年，中国首个传媒类孵化器——“传媒梦工场”面向浙江省高校发起的 90 后大学生创业状况调查显示，超过 90%的在校大学生想过自主创业，而 26.67%的在校大学生已经开始从事包括实体店铺营销、网店、校园代理在内的各种形式的创业。[②] 这些调查结果都表明，随着国家促进高校毕业生创业的一系列优惠政策的出台，创业教育已经在一定程度上影响到大学生对就业的认识，大学生的就业观念发生了较大的改变。他们不再仅仅希望谋求一份稳定的工作，创业也成为就业的一个重要选择，创业的概念已经被大多数学生所接纳，他们创业的意愿高，创业激情逐渐增长。

二、大学生创业的人数逐年递增

在国家大学生创业政策的鼓励和支持下，近年来大学生创业活动逐渐活跃，影响力不断提升，创业人数呈现出逐年增加的趋势。全球创业观察中国报告的数据显示，我国的创业活动指数从 2002 年的 12.3%提高到 2006 年的 16.2% ，在全球创业观察项目的 42 个成员中从第 9 位上升到第 6 位。2005 年，中国的创业活跃程度不如美国、澳大利亚等发达国家，2006 年则超过了他们。并且，18～24 岁受过高等教育的创业者在创业活动中的比重达到 18.34%，说明大学生群体的创业活动更为活跃。[③] 麦可思研究院发布的《2013 年中国大学生就业报告》显示，我国大学毕业生自主创业的比例近五年来不断上升，已经从 2008 届的 1%上升到 2010 届的 1.5%，2012 届更是达到了 2%，五年间翻了一番。[④]

随着创业大学生人数的不断增长，也涌现出了一批成功创业的典范。

---

① 参见《大学生创业和创业教育问题调查报告》，中国高等教育学生信息网，http://www.chsi.com.cn/jyzd/jyxx/200711/20071116/1542783.html。其他一些对大学生创业倾向的调查，如赵明对上海部分高校的调查也呈现同样的高倾向性特点，参见赵明《上海高校大学生创业支持体系研究——基于上海部分高校的实证研究》，上海交通大学硕士学位论文，2008 年。

② 参见《〈浙江省 90 后大学生创业状况调查报告〉出炉》，浙江在线，http://zjnews.zjol.com.cn/05zjnews/system/2012/04/20/018430901.shtml。

③ 参见高建《中国的创业活动更趋活跃——来自 2006 全球创业观察(GEM)中国报告的分析》，载《中国科技投资》2006 年第 9 期。

④ 参见麦可思研究院《2013 年中国大学生就业报告》，社会科学文献出版社 2013 年版，第 43 页。

如中国比亚迪总裁王传福，从20世纪90年代末去深圳创业，到成为新能源汽车领头羊，仅十余年便成就了当代中国大学生创业传奇。再如郑州大学大三学生王硕和聂威振，通过卖树苗一年内就带动了近50人就业。2013年4月，两人通过银行贷款，在家乡周口太康县承包了100多亩地，雇人种树苗，一年内成功地赚到了40多万。2014年8月，他们拿到了营业执照，正式成立了私营合伙企业，采取"公司＋农户＋销售"的经营模式，研发新品种，养殖家禽，发展立体式生态农业。[①]

三、大学生创业环境逐步改善

全球创业观察(GEM)确定的九个方面的环境评价指标对反映影响地区创业活动的环境状况具有全面性，并且能够较好地揭示创业环境因素对创业机会和创业能力实现的影响机制。因此，世界上许多学者和政府机构都采用GEM标准作为创业环境研究的模型，以揭示一国或一地区创业环境的优劣。2006年全球创业观察中国报告的数据显示，我国的创业环境与2002年相比有了明显改善，我国的创业环境综合指数已由2002年的2.65上升到3.03，创业的环境条件从较差状态转向较好和良好状态。[②] 2014年发布的《全球创业观察中国报告：创业环境与政策》也指出，2002～2012年间，中国创业环境条件总体上是在逐步改善，在全球创业观察参与国家和地区中，中国创业环境条件中研究开发转移和市场开放程度处于前30%的位置。[③]

四、大学生创业成为推动经济增长的新亮点

大学生创业活动在创业政策的大力支持下有效地推进，既解决了大学生群体自身的就业问题，也通过创建新企业为社会创造了更多的就业岗位，对减轻就业压力起到了重要作用。据统计，杭州市自2008年开始实施大学生创业三年行动计划，截至2011年11月，全市共注册成立的大学生创业企

---

① 参见《郑州大学俩学生边读书边创业　一年半挣了40多万》，人民网，http://edu.people.com.cn/n/2014/0926/c1053-25739513.html。

② 参见《〈全球创业观察中国报告(2006)〉发布》，中国创业资讯网，www.cn08.net，2007年7月20日。

③ 参见《〈全球创业观察中国报告：创业环境与政策发布》，http://www.gov.cn/jrzg/2014-01/18/content_2570090.htm。

业4560家，拥有创业大学生9960余人，直接带动大学生就业18850余人。[①] 2013年底，全国范围内已建成的留学人员创业园超过250家，入园的留学人员企业1.6万家，20年累计孵化企业超过3.5万家，孵化出一批具有全球竞争力的留学人员企业，在电子信息、生物制药、能源环保、新材料、高端装备制造、现代服务等新兴产业领域发挥了举足轻重的作用。[②]

大学生的创业活动也促进了我国经济的繁荣与多元发展。据科技部的统计数据，西安高新区创业园2007年企业共实现营业收入4.3365亿元，纳税2358万元。武汉仅东湖新技术创业中心2008年的在孵企业纳税就达1.16亿元，毕业企业对国家财政的贡献超过23亿元，对当地经济发展的贡献是显而易见的。截至2012年末，全国纳入统计的科技企业孵化器达到1239家(其中国家级435家)，在孵企业总收入达到4900亿元。[③] 中国校友会网和《21世纪人才报》联合发布的统计数据显示，2009年大学生创业的财富值合计达25.94亿元[④]，2010年大学生创业的财富值合计达到52.8亿元。[⑤] 可见，我国的大学生创业政策已有效地推动了我国大学生的创业活动，而创业活动成为推动经济发展的不可或缺的重要因素。

本章小结

我国创业政策的制定与出台是以我国社会主义市场经济制度的调整和转型为前提的，特别是非公有制经济合法地位的确立直接影响和催生了创业政策及其体系结构的不断完善。随着经济体制改革的不断深入以及高校扩招与就业制度的改革，大学生创业政策在社会创业的大环境背景下开始诞生并渐进发展起来，经过十余年的实践，我国大学生创业政策体系已基本

---

① 参见《杭州“大创”行动实施三年，大学生创业成功率全国最高》，http://news.zj.com/detail/1365652.shtml。

② 参见《中国留学人员创业园建设20周年成就展举办》，中国政府网，http://www.gov.cn/xinwen/2014-10/13/content_2763615.htm。

③ 参见《中国科技通讯》2013年11月第22～23期(期刊电子版)，http://ru.china-embassy.org/chn/kjhz/kjxx/t1122020.htm。

④ 参见《2009中国大学创业富豪榜出炉，“80后”成自主创富生力军》，http://www.cuaa.net/fortune2005/2009/。

⑤ 参见《2010中国大学创业富豪榜出炉，渡口网络金津12亿蝉联榜首》，http://www.cuaa.net/fortune2005/2010/。

建成并逐步走向完善。这一过程中，政策制定主体从最初的教育部单一政府部门转向国务院宏观指导下的教育部、财政部、人社部等多部门联合制定和发布，政策制定主体日益多元化；政策涉及领域从最初的创业教育领域逐步扩展至与创业相关的创业教育培训、财政支持、融资渠道拓宽、社会环境完善等相关领域，创业政策几乎涵盖了创业过程的各个环节，基本形成了以创业教育政策、创业融资政策、商务支持政策、创业环境政策为核心内容的大学生创业政策体系。创业政策的实施有力地推动了大学生的创业活动，并且在改变大学生就业观念、缓解大学生就业压力等方面均取得了良好的成效。大学生创业人数逐年增加，创业环境也得到较大改善，创业活动成为推动我国经济发展的又一亮点和动力。

第四章　我国大学生创业政策体系的构成与结构特征

我国大学生创业政策自20世纪90年代诞生以来，已涵盖了从创业动机培育、创业技能培训到创业机会发掘的创业过程的各个环节，创业政策体系结构不断完善，构成体系框架的单元政策要素越来越丰富。本章基于前文构建的理论框架，通过对大学生创业政策体系下四个单元政策的分析，明晰我国大学生创业政策体系的内在结构与发展现状。

第一节　创业教育政策的结构与特征

大学生创业教育是以培养大学生创业精神、创业意识、创业素质、创业技能为目标的教育，是素质教育的延伸，是注重人的主体精神，全面发展学生智慧和个性品质的教育。我国的大学生创业教育政策发端于20世纪90年代末，但政策推进却是在2008年之后。具体政策可归纳为以下四个方面：创业教育领导机构和工作协调机制的政策、创业课程体系建设政策、培养创业教育师资队伍政策以及创业实践基地建设的政策等。

一、创业教育领导机构与工作协调机制

2009年，教育部下发的《关于做好2010年普通高等学校毕业生就业工作的通知》(教学[2009]15号)中明确要求全面加强高校学生的创业教育，提出成立国家层面的“高校创业教育指导委员会”；同时指出，高等学校也可成立由主管校领导牵头，相关部门以及有关院系参加的创业教育指导协调

机构。[①] 2010年，在教育部颁发的《关于大力推进高等学校创新创业教育和大学生自主创业工作的意见》（教办[2010]3号）中，明确要求高等学校要将创新创业教育和大学生自主创业工作纳入学校的重要议事日程，指出："要理顺领导体制，建立健全教学、就业、科研、团委、大学科技园等部门参加的创新创业教育和自主创业工作协调机制。"[②]在此政策的指导下，国内部分高校建立了创业教育领导机构，如暨南大学成立了"三创"（创意、创新、创业）教育指导委员会，建立了创业学院，负责规划"三创"课程并利用全校资源组织实施创业教育。

二、创业教育课程建设政策

到目前为止，创业教育课程建设的政策还多是宏观指导性的政策。教育部在《关于做好2010年普通高等学校毕业生就业工作的通知》中第一次对创业教育课程的建设进行了规定，要求"在专业课教学中融入创业教育，就业指导课程也要把创新创业教育作为重要内容"。随后在《关于大力推进高等学校创新创业教育和大学生自主创业工作的意见》中进一步要求，高等学校要加强创新创业教育课程体系的建设，要把创新创业教育真正纳入专业教育和文化素质教育教学计划和学分体系之中，构建多层次、立体化的创新创业教育课程体系。创业教育要突出专业特色，要与专业课程体系有机融合、与专业实践教学有效衔接，以此积极推进人才培养模式、教学内容和课程体系改革。教育部在《2011年工作要点》中提出，要建设"大学生创业教育网络课堂"，编写和推广优秀创业教育教材，对创业教育典型经验进行推广。[③] 2012年，为增强大学生的创新能力和创业能力，培养适应创新型国家建设需要的高水平创新人才，教育部发布《关于做好"本科教学工程"国家级大学生创新创业训练计划实施工作的通知》（教高函[2012]5号），对大学生的创业教育和训练作出了较为具体的规定，其中要求将大学生创新创业训练计划纳入人才培养方案和教学计划中，参与创新创业训练计划的高校要从教学的各环节如学生选课、学分认定、成果认定、灵活学籍管理等方面

① 参见《教育部关于做好2010年普通高等学校毕业生就业工作的通知》（教学[2009]15号），2009年11月23日。

② 参见《教育部关于大力推进高等学校创新创业教育和大学生自主创业工作的意见》（教办[2010]3号），2010年5月4日。

③ 参见《教育部高等教育司2011年工作要点》，2011年2月17日。

制定相应的支持政策。同时，要开设创新创业训练项目选修课程、创新思维与创新方法选修课程，以及与创业训练有关的项目管理、企业管理、风险投资等选修课程。①

在教育部政策文件的指导下，我国许多高校开设了创业教育课程，并成立了创业教育的专门管理机构和研究机构。如上海市，90%以上的高校实施了不同模式的创业教育，开设了创业教育课程，编写出具有当地特色的创业教育教材。

三、创业教育师资队伍建设政策

2010 年，教育部在《关于大力推进高等学校创新创业教育和大学生自主创业工作的意见》中要求，高校要引导各专业教师、就业指导教师积极开展创新创业教育方面的理论和案例研究，鼓励教师到企业挂职锻炼，参与社会行业的创新创业实践。通过从社会各界选聘企业家、创业成功人士、专家学者等作为兼职教师，建立一支专兼结合的高素质创新创业教育教师队伍。从 2003 年开始，教育部委托北京航空航天大学举办"全国高校创业教育骨干教师高级研修班"，对创业教育骨干教师进行创业课程内容、课程设置、授课技巧等方面的培训，提高创业教育教师的专业化水平。截至 2013 年底，该研修班已连续举办 11 期，共为全国高校培养了创业教育骨干教师 1400 余名。②此外，一些高校也相继举办各种创业教育师资培训，如暨南大学与清华大学联合主办的"创新创业教育"研修班，为从事创业教育教学的教师提供了学习提高的机会。

四、大学生创业实践基地建设政策

2010 年，教育部对大学生创业实践基地建设作出了较为全面的规划：第一，全面建设创业基地。在国家层面，以国家大学科技园为主要依托，重点建设一批创业实习基地，并制定出台"高校学生科技创业实习基地"认定办法。在地方层面，省级教育行政部门要通过多种形式建立省级大学生创业实习和孵化基地，并推动本地区有关地市、高校、大学科技园建立各类别

① 参见《教育部关于做好"本科教学工程"国家级大学生创新创业训练计划实施工作的通知》(教高函[2012]5 号)，2012 年 2 月 22 日。

② 参见《创业管理培训学院承办教育部第十一期创业教育骨干教师高级研修班》，http://edu.ifeng.com/gaoxiao/detail_2013_10/16/30388194_0.shtml。

大学生创业实习或孵化基地，按其规模和孵化效果给予资金等条件的支持，充分发挥基地的辐射示范作用。第二，明确创业基地功能定位。大学生创业基地的主要任务是整合各方优势资源，对大学生开展创业方面的指导和培训，接纳大学生实习实训，为创业项目孵化和大学生创业提供软硬件支持和服务。第三，规范创业基地管理。基地建设是大学科技园区建设的重要内容，要明确负责基地建设和管理的专门部门，通过与依托学校和有关部门多方联动，共同开展大学生实习实训和创业实践。同时，高等学校也要出台相应的政策措施和激励机制，以利于大学科技园开展学生创业工作。

2010 年，教育部会同科技部，以国家大学科技园为主要依托，在全国范围内建立了 66 个“高校学生科技创业实习基地”。同年，教育部、科技部共同制定并颁布了《高校学生科技创业实习基地认定办法》于 2011 年和 2013 年分别认定了 22 个和 24 个“高校学生科技创业实习基地”。各省市也相继建立起了多个省市级的大学生创业实习和孵化基地，为大学生的创业活动提供了有力支持。

通过对我国创业教育政策发展脉络和内容的梳理，不难发现，我国的大学生创业政策首先发端于创业教育政策，经过了 10 多年的发展，已基本形成了以创业教育领导机构与工作协调机制、创业课程体系改革、创业师资队伍建设、创业基地建立为核心要素的创业教育政策子体系。从体系内各要素的关系看，以培育创业观念和创业技能为核心的创业课程体系改革政策是创业教育政策的核心，创业师资队伍建设政策是创业教育政策的基础，创业教育领导机构与工作协调机制则成为创业教育实施的保障，创业基地建设政策为创业教育提供实践平台支撑。四个方面的政策相互关联，缺一不可，共同作用以实现培育创业动机和提升创业能力的功能，创业教育政策在大学生创业政策体系中具有基础性的地位。

第二节　创业融资政策的结构与特征

所谓融资，即货币资金的融通，是当事人采用一定的方式和渠道向金融机构或金融中介机构筹集资金的一种业务行为。大学生创业融资政策是国家为大学生创业者获得创业资金制定的一系列优惠政策。当前，大学生创业融资政策主要由三部分构成：财政专项资金政策、小额担保贷款政策和创业基金政策。

一、财政专项资金政策

政府对大学生创业的财政专项资金政策主要体现在国家对中小企业财政支持的相关政策中，目前，全国性的财政专项资金主要有两种：科技型中小企业创业基金、中小企业发展专项资金。2005 年 3 月，科技部、财政部联合制定和发布了《科技型中小企业技术创新基金项目管理暂行办法》（国科发计字[2005]60 号），明确了科技型中小企业创新基金的性质和投资方向，即科技型中小企业创新基金是用于支持科技型中小企业技术创新的政府专项基金，以无偿资助、贷款贴息和资本金投入的方式支持科技型中小企业的技术创新活动。无偿资助和贷款贴息数额一般均不超过 100 万元，个别重大项目最高不超过 200 万元。而且要求申请无偿资助的企业要有等额以上的自有匹配资金。[①] 2012 年 5 月，财政部、工业和信息化部联合制定发布了《中小企业发展专项资金管理办法》（财企[2012]96 号），对中小企业发展专项资金的性质、资金来源以及使用办法作出明确规定。中小企业发展专项资金由中央财政预算安排，主要用于支持中小企业特别是小微企业的技术进步、结构调整、转变发展方式、扩大就业以及改善服务环境等，对符合一定条件的企业项目给予 200 万元以内的无偿资助或者贷款贴息。其他的专项资金政策还有中小企业服务体系专项补助资金和中小企业国际市场开拓资金等。[②]除了国家层面的专项基金支持外，各地方政府也设立了一些支持创业者创业的资金政策。如四川省在 2009 年决定实施“千名高校毕业生创业”计划，为此拨付 5000 万元设立高校毕业生创业专项资金，在全省范围内促进 4500 名高校毕业生实现创业。[③]

二、小额担保贷款政策

2003 年 5 月，国务院办公厅发出通知，要求有条件的地区要在现有渠道中为大学生创业提供小额贷款和担保。在随后的文件中又对大学生申请小额贷款作了具体规定，相关内容包括如下几个方面：一是小额担保贷款的

---

① 参见科技部、财政部《科技型中小企业技术创新基金项目管理暂行办法》，2005 年 3 月 2 日。

② 参见财政部、工业和信息化部《中小企业发展专项资金管理办法》，2012 年 5 月 25 日。

③ 参见《四川提供五千万专项经费全力扶持大学生去创业》，载 2009 年 8 月 10 日《中国教育报》第 1 版。

适用对象。小额担保贷款的适用对象一般为持有《就业失业登记证》且拥有当地户口的具备一定创业能力的大学毕业生。2006年，国家政策提出，自愿到西部地区及县级以下的基层创业的高校毕业生，也可向当地经办银行申请小额担保贷款。另外，有些地方如湖南省和云南省，允许在校大学生申请小额担保贷款。二是创业融资政策的额度和期限。文件规定，登记失业的自主创业高校毕业生，可申请不超过5万元的小额担保贷款，对合伙经营和组织起来就业的，可按规定适当扩大贷款规模。2011年，国家将高校毕业生最高贴息贷款额度由5万元提高到了10万元，财政贴息支持的小额担保贷款期限最长年限规定为2年，但可展期2年，贷款利率为中国人民银行公布的同期限贷款基准利率上浮不超过3个百分点，微利项目增加的利息由中央财政全额负担，但是对展期和逾期的小额担保贷款，财政部门不予贴息。[①]在中央政策的指导下，各地方相继出台了具体的实施办法，如河北省出台了《河北省小额担保贷款实施办法》，规定个人可以申请不超过10万元的小额担保贷款，合伙经营的总额不超过40万元。对符合条件人员从事个体经营(国家限制的行业除外)发放的小额担保贷款，在贷款期限内均给予中央财政全额贴息(展期和逾期不贴息)。[②]

三、创业基金政策

2005年，中共中央办公厅、国务院办公厅《关于引导和鼓励高校毕业生面向基层就业的意见》(中办发[2005]18号)提出，积极鼓励、支持高校毕业生到基层自主创业，有条件的地区可通过财政和社会两条渠道筹集“高校毕业生创业资金”。[③]建立大学生创业基金比较早的是上海市，上海市人民政府于2005年正式启动上海市大学生科技创业基金，该基金属于政府资助型的“天使基金”，政府按照每年投入5000万元、三年共计1.5亿元的资金规

① 参见《国务院办公厅关于加强普通高等学校毕业生就业工作的通知》(国办发[2009]3号)、《国务院关于进一步做好普通高等学校毕业生就业工作的通知》(国发[2011]16号)、《财政部、人力资源和社会保障部、中国人民银行关于加强小额担保贷款财政贴息资金管理的通知》(财金[2013]84号)。

② 参见河北省人力资源和社会保障厅、河北省财政厅、中国人民银行石家庄中心支行《河北省小额担保贷款实施办法》，2012年6月11日。

③ 参见《中共中央办公厅、国务院办公厅关于引导和鼓励高校毕业生面向基层就业的意见》(中办发[2005]18号)，2005年6月29日。

模，资助上海高校应届毕业生及在读硕士、博士研究生等创办企业。[①]从2006年起，该基金的总量提高到每年1亿元，并成立了上海市大学生科技创业基金会，负责该基金的运作，组织协调大学生的科技创业工作。[②] 2008年9月，浙江省设立科技创新基金，鼓励在校大学生创业。首批遴选确立600个大学生科技创新项目、200个大学生创业创新孵化项目、200个大学生科技创新推广项目进行资助，每个项目资助金额5000元。2010年1月，浙江省诞生了首个大学生创业天使投资基金——“西湖—星巢天使投资基金”，该基金总额达到1亿元，由杭州市西湖区财政局出资1000万元作为启动引导基金，另外向社会定向私募9000万元。该基金是专门投资于企业种子期、初创期的一种公益性的风险投资，投资对象主要是在西湖区创业的中小企业，特别是具有较好商业模式、科技含量高的大学生优秀创业项目。[③] 2009年9月，湖北省科技厅、武汉市科技局共同出资设立了“湖北武汉大学生科技创业天使基金”，规模为每年1000万元，首期计划为5年。该基金还在相关高校设立分基金会，按1∶1的比例配套资金资助该高校大学生创业。[④]福建省于2009年成立“诺奇大学生创业基金会”，基金会制定了“355”发展规划，即在3年内为大学生创业提供5000万元资金，帮助500名大学生实现创业梦想。[⑤]

创业融资政策在创业政策体系中具有枢纽地位，承担着为创业者提供物质支撑和培育创业机会的功能。通过对创业融资政策内容的分析可以看出，我国已基本形成了以财政专项资金政策、小额担保贷款政策和创业基金政策为基本要素的大学生创业融资政策体系。从体系内各要素的关系看，不断完善的金融机构小额担保贷款政策成为大学生创业融资政策体系的核心政策，是大学生创业融资的主要资金来源；创业基金政策为大学生创业融

① 参见《上海启动大学生科技创业基金》，中青在线，http://zqb.cyol.com/gb/zqb/2005-03/23/content_1054324.htm，2005年3月23日。

② 参见《上海市扶持大学生科技创业　每年投入1亿创业基金》，中央政府门户网站，http://www.gov.cn/gzdt/2006-08/28/content_371220.htm。

③ 参见《浙江省首个大学创业天使投资基金昨成立》，载2010年1月25日《杭州日报》第1版。

④ 参见《湖北省“天使基金”投亿元帮大学生科技创业》，http://www.cnhan.com/gb/content/2009-09/11/content_1053225.htm。

⑤ 参见《福建省诺奇大学生创业基金会成立》，新华网，http://www.fj.xinhuanet.com/nnews/2009-09/26/content_17814476.htm。

资的保障性政策，由政府和社会共同推进；财政专项资金政策带有很强的行政指导性，为大学生创业领域提供目标和方向，在创业政策体系中具有较为突出的引导性作用。

第三节　商务支持政策的结构与特征

大学生创业商务支持政策的目标是政府通过政策工具减少大学生在创业过程中的壁垒，以降低创业成本。大学生创业商务政策包括市场准入政策和税费减免政策。

一、市场准入政策

2008年，为鼓励高校毕业生自主创业，以创业带动就业，人力资源和社会保障部、发改委等部委联合在《关于促进以创业带动就业工作的指导意见》中对初创企业在准入、注册资金和创业经营场所等方面给出指导性意见，如要求适当放宽初创企业市场准入政策，允许注册资金分期到位，按照法律法规规定的条件、程序和合同约定允许创业者将家庭住所、租借房、临时商业用房等作为创业经营场所等。[①]

2009年2月，上海市工商局针对大学生创业推出注册资本“零首付”政策[②]，北京、深圳等地随后也都出台了类似的政策，规定毕业两年内的高校毕业生投资设立注册资本50万元以下的有限责任公司可“零首付”注册，自公司成立之日起两年内缴足注册资本。山东省人民政府《关于促进以创业带动就业工作的意见》对放宽企业准入政策作出规定：一是放宽注册条件。高校毕业生从事个体经营符合条件的，可不受出资限制，出资1元即可申报登记。二是放宽经营场所的限制。创业大学生从事非扰民项目的，按照法律法规规定的条件、程序，可以住所（经利害关系人同意）、租借房、临时商业用房、农村住宅等作为创业经营场所。三是放宽投资领域。凡法律法规未禁止的行业和领域，要一律向各类创业主体开放；对国家有限制条件和标准的行业和领域，要平等地对待各类创业主体。鼓励和支持各类创业主体参

---

① 参见《人力资源和社会保障部、发改委等关于促进以创业带动就业工作的指导意见》（国办发[2008]111号），2008年9月26日。

② 参见《上海市工商行政管理局关于鼓励创业促进就业的若干意见》（沪工商注[2009]49号），2009年2月21日。

与各个领域的投资建设以及政府采购和投资项目的招投标。另外，放宽企业名称登记条件，放宽营业执照期限限制等。①成都市出台《关于支持高校毕业生创业促就业的实施意见》，提出了八项支持大学生创业的政策，特别提出鼓励高校毕业生试营业。规定凡高校毕业生从事食品、饮料、日用品、书报刊零售和居民服务等活动，暂不具备行政许可申办条件的，可到就业(营业)场所所在地的区(市)县工商局申请办理《成都市灵活就业(营业)辅导证》，开展试营业实践活动；在试营业实践期间，免于个体工商户登记。②

2013 年 12 月，十二届全国人大常委会第六次会议决定对《中华人民共和国公司法》作出修改，并于 2014 年 3 月 1 日起施行。新的《公司法》将实缴登记制改为认缴登记制，并取消了公司注册资本最低限额。

二、税费减免政策

自 2005 年起，国家对从事个体经营的高校毕业生实行免交行政事业性收费的优惠政策。在财政部《关于对从事个体经营的下岗失业人员和高校毕业生实行收费优惠政策的通知》(财综[2006]7 号)中规定，高校毕业生从事个体经营的，在毕业两年内自其在工商部门登记注册之日起 3 年内免交有关登记类、证照类和管理类收费，并规定了高校毕业生税收优惠政策的具体收费项目：(1)工商部门收取的个体工商户注册登记费(包括开业登记、变更登记、补换营业执照及营业执照副本)、个体工商户管理费、集贸市场管理费、经济合同鉴证费、经济合同示范文本工本费；(2)税务部门收取的税务登记证工本费；(3)卫生部门收取的行政执法卫生监测费、卫生质量检验费、预防性体检费、卫生许可证工本费；(4)民政部门收取的民办非企业单位登记费(含证书费)；(5)劳动保障部门收取的劳动合同鉴证费、职业资格证书工本费；(6)国务院以及财政部、国家发展改革委批准设立的涉及个体经营的其他登记类、证照类和管理类收费项目；(7)各省、自治区、直辖市人民政府及其财政、价格主管部门按照管理权限批准设立的涉及个体经营的登记类、证照类和管理类收费项目。③

---

① 参见《山东省人民政府办公厅关于促进以创业带动就业工作的意见》，2009 年 1 月 4 日。

② 参见《成都市工商行政管理局关于支持高校毕业生创业促就业的实施意见》，2009 年 4 月 30 日。

③ 参见《财政部关于对从事个体经营的下岗失业人员和高校毕业生实行收费优惠政策的通知》(财综[2006]7 号)，2006 年 1 月 13 日。

2008年1月1日施行新《企业所得税法》，其中第28条规定："符合条件的小型微利企业，减按20%的税率征收企业所得税。国家需要重点扶持的高新技术企业，减按15%的税率征收企业所得税。"2010年，财政部、国家税务总局《关于支持和促进就业有关税收政策的通知》中规定，对于毕业年度内高校毕业生从事个体经营的，在3年内按每户每年8000元为限额依次扣减其当年实际应缴纳的营业税、城市维护建设税、教育费附加和个人所得税。[①] 2013年12月，财政部、国家税务总局出台了针对孵化器和科技园的税收优惠政策，规定："自2013年1月1日至2015年12月31日，对符合条件的孵化器自用以及无偿或通过出租等方式提供给孵化企业使用的房产、土地，免征房产税和城镇土地使用税；对其向孵化企业出租场地、房屋以及提供孵化服务的收入，免征营业税。"[②] 2015年3月，为了支持小微企业的发展，财政部、国家税务总局出台了《关于小型微利企业所得税优惠政策的通知》，规定："自2015年1月1日至2017年12月31日，对年应纳税所得额低于20万元(含20万元)的小型微利企业，其所得减按50%计入应纳税所得额，按20%的税率缴纳企业所得税。"[③]

商务支持政策在创业政策体系中同样具有枢纽地位，为大学生创业者从事创业活动减少壁垒、降低创业成本提供政策支持。通过对商务支持政策内容的分析可以发现，作为该体系中最核心的两个基本要素——市场准入政策和税费减免政策，互为补充。市场准入政策规范着创业者从事创业行为的资金、人员、住所等要求，而税费减免政策则规范着创业过程中应交纳的税款和相关经营费用等。创业准入门槛的降低和税费的减免都将从不同的方面促进创业活动，两类政策的有效实施将进一步增加创业机会。

第四节　创业环境政策的结构与特征

大学生创业环境包括硬环境和软环境两方面，硬环境主要指场地及基

① 参见《财政部、国家税务总局关于支持和促进就业有关税收政策的通知》(财税[2010]84号)，2010年10月22日。

② 《财政部、国家税务总局关于科技企业孵化器税收政策的通知》(财税[2013]117号)，2013年12月31日、《关于国家大学科技园税收政策的通知》(财税[2013]118号)，2013年12月31日。

③ 《财政部、国家税务总局关于小型微利企业所得税优惠政策的通知》(财税[2015]34号)，2015年3月13日。

础设施建设等，而软环境主要包括创业的文化氛围、国民对创业的态度以及创业服务保障等方面。我国大学生创业环境的政策主要涉及场地扶持、培育创业文化以及提供创业服务等领域。

一、创业硬环境政策

创业硬环境——对大学生创业场地的扶持政策，主要体现为“一地一园”（大学生创业孵化基地、大学生创业园）的建设以及相关优惠政策。

2010年，人力资源和社会保障部《关于实施大学生创业引领计划的通知》对建立大学生创业园、加强场地和设施等硬件建设提出要求，并提出建设的目标和任务。[①]

1. 大学生创业孵化基地建设

所谓孵化，原指卵生动物的胚胎在卵膜内发育到一定阶段时，冲破卵壳而外出的过程。孵化器是人工孵卵的专用设备，后来被引入到经济领域，指企业在初创阶段的异常艰难时期，被安置于一个能够提供资金、场地、管理服务等多种便利的集中空间里，这个空间就像是一个孵化器，它使得创业企业的创业风险和创业成本大大降低，从而提高企业的成活率。经过孵化的企业逐渐由小变大、由弱变强，获得“毕业”资格而后进入市场。根据许多国家的测算，“在完全市场竞争的条件下，新创办的中小企业的成活率一般不会超过30%，但是经过孵化器孵化和培育的企业，其成活率一般都可达到80%以上”[②]。

2010年，教育部要求建立大学生创业实习基地或孵化基地，为大学生创业提供场地、实训、资金、服务等多方面的支持，为大学生创业企业减免房租至少12个月。[③]近年来，全国各地建立起了数以千计的大学生实习实践基地和创业孵化基地，并配套各种优惠政策，为大学生创业企业的成长发挥了突出的作用。如2009年，青岛市政府对高校毕业生创业孵化基地出台扶持政策，内容包括：(1)享受房租补贴，第一年享受全额房租补贴，“零房租”入驻；第二年享受50%房租补贴；第三年享受30%房租补贴。(2)高校毕业

---

① 参见《人力资源和社会保障部关于实施大学生创业引领计划的通知》(人社部发[2010]31号)，2010年5月4日。

② 张庆祝：《大学生创业孵化基地建设理论初探》，载《辽宁教育研究》2007年第8期。

③ 参见《教育部关于大力推进高等学校创新创业教育和大学生自主创业工作的意见》(教办[2010]3号)，2010年5月4日。

生派遣期内自主创业可申请 5 万～20 万小额贷款，可以免交房屋权证明，免除工商注册和税务登记费用等。(3)对符合条件的高校毕业生在孵化基地创办中小企业的，财政给予每人每月 100 元的社会保险补贴等。[①]

目前孵化器已不仅仅出现在一线城市或核心城市，孵化企业在数量和规模上也已经覆盖全国，整体数量从过去的几百家增至 1230 家[②]，《国家科技企业孵化器“十二五”发展规划》提出的目标是到 2015 年全国孵化器数量达 1500 家。

2. 大学生创业园建设

大学生创业园是专门为大学生创新创业提供服务、促进成果转化的基地，通过提供办公场地、咨询与培训、管理与服务和一系列优惠政策，降低大学生创业企业的创业成本，提高大学生创业的成功率。早在 2004 年，上海市为帮助创业者解决经营场地问题，劳动保障部门积极挖掘闲置房产，开发建设了适合非正规就业劳动组织和小企业的开业园区。2006 年，共青团中央、中国科协、教育部和全国学联联合授予中国大学生创业园(成都)等 11 家创业园为全国首批“中国大学生创业园”。成都在 2009 年建立了 12 个大学生创业园，入园创业的大学生能够享受到“政府贴息贷款、免一年房租水电、专利成果转化补贴”等八项优惠政策[③]；园区还提供工商税务、人事代理等一站式服务，解决创业企业的后顾之忧。杭州市入驻大学生创业园的新办大学生创业企业，两年内可获得创业园所在地区政府提供的 50 平方米以内的免费经营场地，同时享受房租补贴、会展补贴、免费人才招聘等优惠政策和三年免费人事代理等服务。[④]武汉从 2013 年起建立了多个大学生创业特区，为创业大学生免费配备电脑、宽带、桌椅、空调等办公设备，创业者可拎包入驻。凡年龄在 35 周岁以下、毕业 5 年内的大学生创业者，通过特区所在孵化器的审核后均可免费入驻，入驻第一年免交房租，第二年至第四年

---

① 参见青岛市人力资源和社会保障局《青岛市高校毕业生创业孵化基地新闻发布稿》，http://www.qdhrss.gov.cn/pages/zxzx/xwdt/zwyw/44241.html。

② 《税收优惠政策接力 促孵化器多元化发展》，参见 http://www.studentboss.com/html/news/2014-05-20/148300.htm。

③ 参见《成都建成 12 个大学生创业园》，新华网，http://news.xinhuanet.com/local/2009-07/10/content_11685767.htm。

④ 参见《杭州市人民政府关于鼓励和扶持大学生在杭自主创业的若干意见》(杭政[2008]7 号)，2008 年 1 月 1 日。

房租减半。[①]

除了以上政府对大学生创业提供场地扶持优惠政策外，对非入驻创业园和孵化基地的大学生创业企业，有些地方也出台了一些优惠措施，如上海市《关于完善创业场地房租补贴政策的实施意见的通知》，对在本市注册登记的各类小企业和非正规就业的劳动组织申请创业场地补贴问题作出了详细的规定。[②]

二、创业软环境政策

（一）培育创业文化的政策

创业的推进必须有相应的文化做支撑。创业文化是内生于市场经济的一种特殊文化，通常是指个人或群体在追求财富、创造价值的过程中所形成的思想观念、价值标准以及精神风貌等，它不仅体现在个体身上，更体现在整个社会的时代精神和文化氛围中，因此，创业文化对创业者的创业意愿、创业动机和成功创业具有重要的影响。2010 年教育部《关于大力推进高等学校创新创业教育和大学生自主创业工作的意见》提出，要营造鼓励创新创业的良好舆论氛围。要求省级教育行政部门和高等学校要广泛开展创新创业教育和大学生自主创业的宣传，通过各种媒体积极宣传国家和地方促进创业的政策、措施，宣传推动创新创业教育和促进大学生创业工作的新举措和新成效，宣传毕业生自主创业的先进典型，并通过形式多样的活动来激发学生的创业热情，引导学生树立科学的创业观、就业观、成才观。吉林省在 2009 年 2 月由吉林省人民政府印发了《关于促进全民创业若干政策的通知》，将全民创业提升到省政府战略层面。2011 年山东省实施大学生创业引领计划，将培育创业文化作为重要保障。通过评选表彰、树立典型、宣传引导，增进社会舆论对大学生创业的支持，培育全社会崇尚创新、鼓励创业、褒奖成功、宽容失败的创业文化环境。[③]

（二）创业服务政策

创业服务贯穿于整个创业过程，本研究所指的大学生创业服务政策包

---

① 参见《武汉：今年新增 20 个大学生创业特区》，载 2014 年 3 月 24 日《中国青年报》第 9 版。

② 参见《上海市人力资源和社会保障局等关于完善创业场地房租补贴政策的实施意见的通知》，2010 年 12 月 6 日。

③ 参见《山东省人力资源和社会保障局关于实施山东省大学生创业引领计划的意见》（鲁人社发[2011]17 号），2011 年 3 月 5 日。

括为大学生创业提供的政务服务、创业培训以及创业服务平台建设等方面的政策。

在政务服务政策方面，为鼓励和支持高校毕业生到基层自主创业和灵活就业，中共中央办公厅、国务院办公厅在2005年下发的《关于引导和鼓励高校毕业生面向基层就业的意见》中要求，各级政府要对以从事自由职业、短期职业、个体经营等方式灵活就业的高校毕业生提供必要的人事劳动保障代理服务，在户籍管理、劳动关系形式、社会保险缴纳和保险关系接续等方面提供保障。2008年，国家对自主创业涉及的各类行政管理与服务事项进行了进一步的规范，要求各级政府要加强行政管理，禁止任何干预创业企业正常经营的行为。要简化立项、审批和办证手续，为创业开辟"绿色通道"。[①] 在中央政策的指导下，各地方结合当地的实际，不断丰富创业服务的内容。如山东省规定，对以灵活就业形式创业并缴纳社会保险费的大学毕业生，给予三年期限的基本养老、基本医疗和失业保险补贴，补贴数额为其按照当地规定的缴费标准和比例实际缴费的2/3。上海市人才服务中心设立了专门的服务窗口，对大学生创新创业优秀人才和团队，免费提供两年人事档案托管服务和人事证明出具服务，免费为员工建立诚信档案，提供有关创业的免费培训服务，并建立了24小时人事、人才服务响应制度，给予大学生创业者优质、贴心、保姆式的服务。

在创业培训政策方面，国务院在《关于进一步做好普通高等学校毕业生就业工作的通知》(国发[2011]16号)中强调，对高校毕业生在毕业年度内参加创业培训的，根据其获得创业培训合格证书或就业、创业情况，按规定给予培训补贴。[②]国务院办公厅《关于做好2013年全国普通高等学校毕业生就业工作的通知》(国办发[2013]35号)对创业培训补贴政策的期限作出调整，自2013年起创业培训补贴政策的期限从原先的"毕业年度"调整为"毕业学年"，即从毕业前一年7月1日起的12个月。[③]在地方层面，多地政府积极贯彻中央精神，细化和落实创业培训政策。如福建省于2009年启动

---

① 参见《国务院办公厅关于促进以创业带动就业工作的指导意见》(国办发[2008]111号)，2008年9月26日。

② 参见《国务院关于进一步做好普通高等学校毕业生就业工作的通知》(国发[2011]16号)，2011年5月31日。

③ 参见《国务院办公厅关于做好2013年全国普通高等学校毕业生就业工作的通知》(国办发[2013]35号)，2013年5月16日。

了大学生“十百千万”创业助力计划，在全省建立10个毕业生创业培训基地，扶持100个毕业生创业项目，为1000名优创业意向的毕业生提供系统的创业辅导，组织10000名毕业生参加创业培训。[①]天津建立了创业实训制度，经过创业培训的劳动者，可到认定的创业实训基地参加实训。实训人员创业成功率达到80%的，按照实训人数给予创业基地补贴；低于80%的，按照创业成功人数给予基地补贴，补贴标准为每人每月400元。[②]

在创业服务平台建设方面，主要是加强了两个方面的建设：

1. 加强创业服务机构的建设。为了更好地指导大学生的创业活动，各地纷纷建立起了不计其数的创业服务机构，依其隶属性质主要分为三类：一类是隶属于政府部门的创业服务机构，如各省市的人力资源和社会保障部门设立的大学生创业服务中心。第二类是由政府部门牵头负责，借助社会资源成立的非政府公益组织，如“上海市中小企业专家咨询团”。该组织由上海市16家相关委办局的行政业务人员和23家中介服务机构、法律界人士组成。咨询形式以网上咨询为主，服务内容涵盖了企业的整个生命周期，主要包括财税金融、工商管理、融资担保、科技创新、企业外贸、劳动保障、企业管理、创业开业、知识产权职工科技、检测服务、法律咨询、改制上市等。第三类是由民间组织成立的非盈利性的公益社团组织，如陕西省创业促进会、山东省创业促进会、吉林省创业促进会等，均是由有志于促进创业和扶持就业的企事业单位及有关人士自愿结成的非营利性的社团法人组织。这些创业服务机构的建立，为大学生的创业活动提供了有力的智力支持与技术支持。

2. 加强信息化平台建设。我国的大学生创业信息平台建设最早发起于民间。2004年7月，民间投资家赵长升在首届中国青年创业论坛上看到了大学生创业的发展前景，投资500万元创立了“中国大学生创业网”。该网站针对大学生创业过程中面临的一系列问题，陆续打造了资讯平台、项目平台、培训平台、资金平台、孵化平台等一系列平台，成为了全国最具活力的大学生创业网站之一。随着大学生创业活动日益活跃，信息化平台建设逐渐受到政府的重视。2010年，教育部提出要全面加强创业信息服务，建立公

---

① 参见福建省人事厅等《福建省大学生“十百千万”创业助力计划实施意见》，2009年6月2日。

② 参见《天津市创业培训管理办法》，2010年3月16日。

共信息服务平台，广泛收集并提供创业项目和创业信息，拓展服务内涵，开展有关创业测评、政策咨询等方面的服务。[①] 2011 年 3 月，教育部主办的"全国大学生创业服务网"正式开通。许多高校也依托就业工作网站，增加了大学生创业的内容。也有高校专门开辟了大学生创业网，如中南大学创办了"中国大学生创业网"。各地人力资源与社会保障部门也先后建起了自己的创业网站，如杭州市人才服务局的"中国杭州大学生创业服务网"、上海市人力资源和社会保障局的"上海创业公共服务信息网"，都集合了创业政策、创业培训、创业融资、创业场地和创业服务等内容，为大学生创业提供了全方位的信息服务。

创业环境政策不仅发挥着为创业者的创业活动营造良好社会氛围的作用，而且创业环境政策本身也在培育着创业者从事创业活动所需要的创业动机和机会，因而具有为创业活动提供平台的功能。从我国大学生创业环境政策的形成和构成看，我国大学生创业政策的重点也在发生转变，从仅仅注重创业场地和基础设施等硬环境建设，开始向营造鼓励创新创业的良好舆论氛围，为大学生创业提供政务服务、创业培训以及加强创业服务平台建设等软环境建设转变。从创业环境政策建设现状看，我国的创业环境政策虽然与发达国家相比尚有很大的完善余地，但整体来看已基本形成了以培育创业文化和强化创业服务为核心要素的创业环境政策体系。

本章小结

通过对四个单元政策的分析和研究可以看出，这些单元政策从其演进和内容看，都经历了从单一政策领域向多元复合政策领域的不断扩展过程；从各单元政策个体的结构特征看，各单元政策都涵盖了相关领域的具体政策，而且这些具体政策的有机互动都独立构成了各单元政策子体系：如创业教育领导机构与工作协调机制、创业教育师资队伍建设、大学生创业实践基地建设等相关具体政策的有机互动构成了创业教育政策子体系；财政专项资金政策、小额担保贷款政策和创业基金政策的有机互动构成了创业融资政策子体系；市场准入政策、税费减免政策等具体政策的有机互动构成了商

---

① 参见《教育部关于大力推进高等学校创新创业教育和大学生自主创业工作的意见》(教办[2010]3 号)，2010 年 5 月 4 日。

务支持政策子体系；以大学生创业孵化基地建设与大学生创业园建设为主要内容的创业硬环境政策和对大学生创业提供的政务服务、创业培训以及创业服务平台建设的软环境政策共同构成了创业环境政策子体系。基于创业成长过程各环节之间的内在逻辑，各单元政策子体系之间的有机互动构成了大学生创业政策体系。

第五章　我国大学生创业政策体系的问题及成因

当前，日趋完善的大学生创业政策体系在培育大学生创业观、营造公平竞争的创业环境、推动大学生自主创业等方面已发挥了重要作用，但是由于我国的大学生创业及其相关政策仅仅经历了十几年的实践，与发达国家相比，无论是政策体系的整体设计、单元政策的具体内容还是政策的实施都存在诸多问题，致使我国参与创业的大学生比率和成功率都远没有达到预期目标和效果。本章将从宏观政策体系、微观单元政策以及政策实施三个层面剖析大学生创业政策体系存在的问题与成因。

第一节　宏观层次大学生创业政策体系的问题及成因

正如在本书第二章理论框架部分所阐述的，不同单元政策之间和同一单元政策内部不同要素之间的相互关联及与社会环境有机互动构成了创业政策体系，从理论角度分析，创业政策体系内有纵、横两个方面的关系向度：从纵向来看，体系内的单元政策可分为元政策、基本政策和部门具体政策等；而从横向来看，体系内的单元政策可分为创业教育政策、创业融资政策、商务支持政策、创业环境政策等。无论是纵向单元政策还是横向单元政策都是围绕规范和促进创业活动这一核心目标进行排列、组合，并形成各单元政策要素间的内在互动和相对稳定的关系。因此，同其他公共政策体系一样，创业政策体系的构建不仅要求各单元政策的制定要围绕一个目标进行，从而使创业政策体系具有整体性，而且还要求各单元政策制定具有纵向的层次性和横向的相互统一性，只有这样，创业政策体系才能发挥综合治理功能，实现政策功能的最大化。从宏观层次上考察和分析我国大学生创业政策体系，可以发现，政策体系的整体性和各单元政策之间的层次性存在着较为突出的问题。

一、横向上创业政策体系欠缺整体性

政策体系的基本特点就是其自身是一个内在统一的有机整体。从当前我国大学生创业政策体系的结构来看，呈现出明显的创业单元政策的碎片化现象，尚未形成一个内在统一的有机整体，这突出表现在两个方面。

首先，创业单元政策分散于不同部门的政策文件中，尚未有统一政策制定和发布主体，大学生创业政策零碎地存在于各政策制定主体的文件中。表 5-1 列出了近十年来中央各部委发布的创业政策，共涉及 18 个部门。在创业政策体系构建之初，政府各部门都是独自发布自己的创业政策。随着政策体系的逐渐完善，一些部门间虽然加强了协调合作，开始联合制定和发布有关创业的政策，但总的来看，这些源自于不同部门主体的政策，其政策设计很难做到从创业政策体系的整体角度出发，即使是联合发布的，也无法体现出政策的内在统一性，而仍是基于本部门的管理领域和角度，从而造成创业政策呈现出碎片化的现象。

表 5-1　　近年来中央政府部门出台的创业政策相关文件

	出台政策部门	文件名称
2003 年	国务院办公厅	《关于做好 2003 年普通高等学校毕业生就业工作的通知》(国办发[2003]49 号)
2003 年	国家工商行政管理总局	《关于 2003 年普通高等学校毕业生从事个体经营有关收费优惠政策的通知》(工商个字[2003]第 76 号)
2003 年	财政部、国家发展改革委	《关于切实落实 2003 年普通高等学校毕业生从事个体经营有关收费优惠政策的通知》(财综[2003]48 号)
2004 年	国务院办公厅	《关于进一步做好 2004 年普通高等学校毕业生就业工作的通知》(国办发[2004]35 号)

续表

	出台政策部门	文件名称
2005 年	中共中央办公厅、国务院办公厅	《关于引导和鼓励高校毕业生面向基层就业的意见》(中办发[2005]18 号)
2005 年	国务院	《关于进一步加强就业再就业工作的通知》(国发[2005]36 号)
2006 年	中国人民银行、财政部、劳动和社会保障部	《关于改进和完善小额担保贷款政策的通知》(银发[2006]5 号)*
2006 年	财政部、国家发改委	《关于对从事个体经营的下岗人员和高校毕业生实行收费优惠政策的通知》(财综[2006]7 号)*
2006 年	中央组织部、中央宣传部、中央编办、教育部、国家发展改革委等十四部门	《关于切实做好 2006 年普通高等学校毕业生就业工作的通知》(教学[2006]8 号)
2007 年	财政部、国家税务总局	《关于促进创业投资企业发展有关税收政策的通知》(财税[2007]31 号)*
2007 年	国务院办公厅	《关于切实做好 2007 年普通高等学校毕业生就业工作的通知》(国办发[2007]26 号)
2007 年	财政部、国家税务总局	《关于国家大学科技园有关税收政策问题的通知》(财税[2007]120 号)*
2007 年	财政部、国家税务总局	《关于科技企业孵化器有关税收政策问题的通知》(财税[2007]121 号)*
2007 年	教育部	《关于积极做好 2008 年普通高等学校毕业生就业工作的通知》(教学[2007]24 号)
2008 年	国务院	《关于做好促进就业工作的通知》(国发[2008]5 号)

续表

	出台政策部门	文件名称
2008年	中国人民银行、财政部、人力资源和社会保障部	《关于进一步改进小额担保贷款管理积极推动创业促就业的通知》(银发[2008]238号)*
2008年	人力资源和社会保障部、发改委、教育部、工信部、财政部、国土资源部等	《关于促进以创业带动就业工作的指导意见》(国办发[2008]111号)*
2009年	国务院办公厅	《关于加强普通高等学校毕业生就业工作的通知》(国办发[2009]3号)
2009年	国务院	《关于做好当前经济形势下就业工作的通知》(国发[2009]4号)
2009年	国家税务总局	《关于实施创业投资企业所得税优惠问题的通知》(国税发[2009]87号)*
2009年	教育部	《关于做好2010年普通高等学校毕业生就业工作的通知》(教学[2009]15号)
2010年	中国人民银行	《关于进一步做好大学生"村官"创业富民金融服务工作的通知》(银办发[2010]5号)*
2010年	人力资源和社会保障部等六部门	《关于实施2010高校毕业生就业推进行动大力促进高校毕业生就业的通知》(人社部发[2010]25号)
2010年	人力资源和社会保障部	《关于实施大学生创业引领计划的通知》(人社部发[2010]31号)*
2010年	教育部	《关于大力推进高等学校创新创业教育和大学生自主创业工作的意见》(教办[2010]3号)
2010年	中国人民银行、银监会、证监会、保监会	《关于进一步做好中小企业金融服务工作的若干意见》(银发[2010]193号)*

续表

	出台政策部门	文件名称
2010 年	国务院	《关于加强职业培训促进就业的意见》(国发[2010]36 号)
2010 年	财政部、国家税务总局	《关于支持和促进就业有关税收政策的通知》(财税[2010]84 号)
2010 年	教育部	《关于做好 2011 年全国普通高等学校毕业生就业工作的通知》(教学[2010]11 号)
2011 年	国务院	《关于进一步做好普通高等学校毕业生就业工作的通知》(国发[2011]16 号)
2011 年	教育部	《关于做好 2012 年全国普通高等学校毕业生就业工作的通知》(教学[2011]15 号)
2012 年	教育部	《关于做好"本科教学工程"国家级大学生创新创业训练计划实施工作的通知》(教高函[2012]5 号)*
2012 年	教育部	《普通本科学校创业教育教学基本要求(试行)》
2012 年	教育部	《关于做好 2013 年全国普通高等学校毕业生就业工作的通知》(教学[2012]11 号)
2013 年	国务院办公厅	《关于做好 2013 年全国普通高等学校毕业生就业工作的通知》(国办发[2013]35 号)
2013 年	人力资源和社会保障部	《关于实施离校未就业高校毕业生就业促进计划的通知》(人社部发[2013]41 号)
2013 年	人力资源和社会保障部办公厅	《关于实施离校未就业高校毕业生技能就业专项活动的通知》(人社厅函[2013]189 号)

续表

	出台政策部门	文件名称
2013 年	财政部、人力资源和社会保障部、中国人民银行	《关于加强小额担保贷款财政贴息资金管理的通知》(财金[2013]84 号)*
2013 年	教育部	《关于做好 2014 年全国普通高等学校毕业生就业工作的通知》(教学[2013]14 号)
2014 年	人力资源和社会保障部、国家发展改革委员会、教育部、科学技术部、工业和信息化部、财政部、中国人民银行、国家工商行政管理总局、共青团中央等九部门	《关于实施大学生创业引领计划的通知》(人社部发[2014]38 号)*
2014 年	国务院办公厅	《关于做好 2014 年全国普通高等学校毕业生就业创业工作的通知》(国办发[2014]22 号)
2014 年	教育部	《关于做好 2015 年全国普通高等学校毕业生就业创业工作的通知》(教学[2014]15 号)
2015 年	人力资源和社会保障部	《关于做好 2015 年全国高校毕业生就业创业工作的通知》(人社部函[2015]21 号)
2015 年	国务院	《关于进一步做好新形势下就业创业工作的意见》(国发[2015]23 号)
2015 年	国务院办公厅	《关于深化高等学校创新创业教育改革的实施意见》(国办发[2015]36 号)*

资料来源:根据相关部委网站有关政策文件整理。

其次,创业政策分散于就业政策中,尚未构建出鼓励创业的政策体系。我国大学生创业政策从无到有,一个突出特点就是把创业政策仅作为促进就业工作的一项举措,创业政策零星地散落在就业文件或通知规定中,专门针对大学生创业的政策相对较少。如在涉及大学生创业政策的 45 个文件中(见表5-1),有16个文件是侧重创业的(表中以“*”标出),有4个文件是针对就业和创业的(集中在2014年和2015年),其余25个文件都是针对大学生就业的,创业政策仅作为文件中的部分内容,且比重很小。这些散落于就业文件中的创业政策,或是各部门对国务院通知要求的进一步规定,或是重复其他部门发布的政策内容,缺乏系统性和规范性。

导致我国大学生创业政策碎片化及其体系构建缺乏整体性的原因固然非常复杂,但两个因素的影响更为突出：

第一,政策目标设计的功利性导致创业政策体系构建中欠缺前瞻性和长远性,也就谈不上从宏观层次来构筑创业政策体系。

我国的大学生创业政策是因大学生就业问题而产生的,其主要目标是解决大学生的就业问题,而本质上并非创业。换言之,通过创业带动就业,因而存在较强的功利性色彩,由此也导致大学生创业政策的设计存在应急性和临时性的特点,欠缺前瞻性和长远性设计。这主要表现在：

一是大学生创业政策带有应急性的特点,创业政策的颁布和实施都是围绕促进我国大学生就业展开的。我国大学生创业政策的主要目标是解决大学生的就业问题,当就业市场竞争激烈时,为了缓解就业压力,政府部门就会出台一些促进大学生创业的临时措施,而当就业市场出现新情况时,又会发布新的应对策略。以国务院办公厅发布的大学生创业政策为例,2003年是高校扩招的第一批学生的毕业年份,高校毕业生数量较往年大幅增加,恰巧这一年又遇到“非典”疫情,更是加剧了原本已十分严峻的就业形势。在这样的背景下,2003年5月,国务院办公厅颁布了《关于做好2003年普通高等学校毕业生就业工作的通知》(国办发[2003]49号),鼓励高校毕业生自主创业和灵活就业。从事除国家限定行业外的个体经营的高校毕业生享有1年内免交登记类和管理类各项行政事业性收费的优惠,有条件的地区可为高校毕业生提供创业小额贷款和担保。2004年,全国普通高校毕业生数量继续以较大幅度增长,国务院办公厅于2004年和2005年连续发文,进一步提出促进大学生创业的优惠政策,如将大学生免交登记类和管理类的各项行政事业性收费的年限由1年提高到了3年,这无疑是给大学生创业的一个巨大福利。随后几年,大学生就业形势趋于平稳,国家基本没有出台针对大学生创业的新政策。2008年受国际金融危机影响,大学生就业再次面临严峻形势。同年9月,由人力资源和社会保障部牵头发布了《关于促进以创业带动就业工作的指导意见》,全面而有力地推出支持创业的各项政策，涉及市场准入、融资渠道、创业培训、孵化基地建设等七个方面的内容。2009年1月，国务院办公厅又发文进一步加大了对大学生创业的支持力度，提出“各地区、各有关部门要把高校毕业生就业摆在当前就业工作的首位”，并进一步加大了对大学生创业的支持力度，如“适当扩大贷款规模”，“给予高校毕业生职业培训补贴”等。[①]这些政策的出台体现出政府对促进大学生创业活动的迫切心情。

二是多数创业扶持政策都带有临时性的特点，缺乏长久性。综观国家针对大学生创业的优惠政策，许多是只在文件实施的1～3年内有效。如2011年5月，国务院《关于进一步做好普通高等学校毕业生就业工作的通知》中规定，2011年1月1日至2011年12月31日，对高校毕业生创办的年应纳税所得额低于3万元(含3万元)的小型微利企业，其所得减按50%计入应纳税所得额，按20%的税率缴纳企业所得税。再如，2014年5月出台的国务院办公厅《关于做好2014年全国普通高等学校毕业生就业创业工作的通知》(国办发[2014]22号)中规定，对小型微型企业新招用毕业年度高校毕业生，签订1年以上劳动合同并按时足额缴纳社会保险费的，给予1年的社会保险补贴，政策执行期限截至2015年底。值得注意的是，该项政策的有效期仅为一年半。创业政策的应急性和临时性的特点都是由于功利性的目标造成的，这也必然使得创业政策缺乏长远性设计，不能连续、稳定地发挥作用。

第二，创业政策的碎片化及政策体系欠缺整体性等问题与政策制定主体多元化和职责分工不明有密切关系。

由于创业活动涉及工商、税务、财政等多个部门，目前，国务院、国务院办公厅、教育部、人力资源和社会保障部、财政部、中国人民银行、国家税务总局、国家工商行政管理总局及地方政府相关机构都是创业政策制定的主体。由于政策制定主体多元化，各个部门的政策设计多是基于本部门的管理领域和角度，并随着就业环境的变化阶段性地发布，导致创业政策不仅碎片化，甚至出现政策不一致的情况。比如关于大学生创业园和孵化基地房屋补贴的政策，人力资源和社会保障部和教育部出台的文件都有涉及，但规定不一。2010年5月，人力资源和社会保障部《关于实施大学生创业引领

① 参见《国务院办公厅关于加强普通高等学校毕业生就业工作的通知》(国办发[2009]3号)，2009年1月19日。

计划的通知》要求，各地根据当地实际制定大学生创业园区房租补贴、经营场地补贴政策。而教育部在同时期出台的《关于大力推进高等学校创新创业教育和大学生自主创业工作的意见》中要求，大学生创业实习或孵化基地要结合实际，为大学生创业企业提供至少12个月的房租减免。显然，两个文件在房租减免问题上要求不一，使政策执行者不知如何选择。再者，政策制定主体的职责不够清晰，表现为各部门政策相互重复、交叉，如有关税费减免的相关政策，可见于国务院、国务院办公厅、发改委、人力资源和社会保障部、教育部、财政部、国家税务总局等诸多部门发布的文件中，使整个创业政策体系内容混乱，层次不清，给政策的执行者带来很大困惑。

二、纵向上创业政策体系存在断层现象

公共政策体系在纵向结构上分为若干等级，其中高层级政策是低层级政策的基础，低层级政策是对高层级政策的具体化。具体而言，在一个政策体系框架内，自上而下可分为总政策、基本政策和具体政策。总政策，是政策主体在一定历史阶段为实现一定任务而规定指导全局的总原则，其构成要素主要包括总目标、总任务和总路线，政策内容具有高度的概括性、综合性、长期性和全局性，是一种战略政策。基本政策，是政策主体用以指导某一领域或方面工作的指导原则、基本方针，它是总政策在某一领域或方面的具体化。具体政策，是基本政策的细化与分解，是政策主体针对某一具体问题而制定的具体措施或界限性规定，具有具体性、可操作性、时效短、变动快等特点。一般而言，总政策、基本政策属于宏观层次政策的范畴，在政策范畴内具有最高的法律效力，内容相对泛化，只规定一些政策精神或原则，因而政策适用范围广；而具体政策则属于微观层次的政策范畴，内容较为具体，注重具体问题具体分析，法律效力相对较低，适用范围相对较窄。

根据以上理论分析，就我国大学生创业政策体系而言，按照政策的制定主体分类，国务院应该是总政策的制定主体，其他部委和地方政府承担基本政策和具体政策的制定任务。但是，在我国大学生创业政策体系中，政策制定主体的层次性仍不够清晰，相关政府机构的职责分工仍不明确，导致政策体系纵向上层次不清，甚至出现断层现象。

1. 政策制定主体的层次不够清晰

一方面，国务院发布的政策虽然多数是侧重宏观指导性的内容，但也有诸多是本应由分管部门甚至地方政府发布的具体政策。如国务院《关于进

一步加强就业再就业工作的通知》(国发[2005]36号)就对贷款的额度和贴息等财政政策作了具体规定，文件内容指出，从事个体经营自筹资金不足的，可提供小额担保贷款，额度在2万元左右，最长不超过2年，到期确需延长的，可展期1次。再如，2011年国务院《关于进一步做好普通高等学校毕业生就业工作的通知》(国发[2011]16号)对个体经营者的减免税数额、种类和比例等作了具体规定。显然，这些政策是本应由财政和税务部门制定的具体政策。另一方面，国务院下属部委发布的政策有时却超越了自己部门管辖的职责范围，扮演了国务院的角色。如人力资源和社会保障部发布的政策就经常带有总政策的色彩，《人力资源和社会保障部关于实施大学生创业引领计划的通知》(人社部发[2010]31号)和《人力资源和社会保障部等九部门关于实施大学生创业引领计划的通知》(人社部发[2014]38号)，都对一定时期内大学生创业问题从目标、任务到工作措施提出了全面的要求。

由于体系内纵向政策的层次不分明，总政策没有发挥其应有的宏观指导作用，造成政策文件与上位法不衔接的情况。如在《国务院办公厅关于促进以创业带动就业工作的指导意见》(国办发[2008]111号)中规定："按照法律、法规规定的条件、程序和合同约定允许创业者将家庭住所、租借房、临时商业用房等作为创业经营场所。"而《中华人民共和国物权法》第77条规定：业主不得违反法律、法规以及管理规约，将住宅改变为经营性用房。业主将住宅改变为经营性用房的，除遵守法律、法规以及管理规约外，应当经有利害关系的业主同意。可见，以"住宅商用"来注册公司的商务支持政策与上位法的衔接出现了矛盾，在现实中也往往无法操作。

地方政府颁布的具体的创业政策也存在与总政策、基本政策不统一甚至矛盾的问题。如各地工商部门出台的大学生创业"零首付"注册公司政策，就与当时我国的《公司法》有关规定相冲突。《公司法》第6条规定：符合法律规定设立条件的，由公司登记机关分别登记为有限责任公司或者股份有限公司；不符合设立条件的，不得登记为有限责任公司或者股份有限公司。第26条规定，有限责任公司注册资本的最低限额为人民币3万元，首次出资额不得低于注册资本的20%。第59条规定，一人有限责任公司的注册资本最低限额为人民币10万元，股东应当一次足额缴纳公司章程规定的出资额。可见，工商部门出台的大学生可以"零首付"注册公司的规定并不符合当时的《公司法》。这些规范性文件与上位法相冲突的问题，也降低了创业政策的公信力，好在2014年我国新修订的《公司法》已经取消了最低注册资本的限制。

2. 地方层面的配套政策缺失，创业政策体系出现断层现象

由于我国幅员广阔、地区发展差异较大，国务院及相关部委应该主要出台一些对全国各地具有指导性的政策，政策内容也主要是确定大的原则和方向，而更细化、更具体的操作措施则由各省市等地方政府来制定和实施。换言之，地方政府是大学生创业政策体系中具体政策的制定者和实施者，各地政府应当在国家总政策的框架下根据当地的实际出台具体可操作的配套政策和措施。但是，目前从地方创业政策的制定状况来看，由于我国各地促进创业的动机强弱不一，各省市的配套政策差异较大。经济发达地区对于大学生创业的重视程度较高，而经济相对落后的地区还缺乏对创业政策的系统思考。从中国创业活跃程度的地区分类来看，东部沿海地区如上海、杭州、青岛等地，中南地区如长沙、武汉等地，配套政策较完善，且政策的支持力度也较大。如上海市，近年来仅在创业融资方面出台的政策就有8项（见表5-2）。2012年，长沙市公布《关于鼓励和扶持大学生自主创业的政策意见》，对大学生创业者的落户和项目资助等出台优惠政策。南京市政府出台《关于实施万名青年大学生创业计划的意见》，明确在未来几年加大对大学生创业在资金、场地、投融资等七个方面的政策扶持。[①]但是有些地方由于经济发展条件有限和传统社会文化束缚，大学生创业活跃程度较低，政府对大学生创业的支持力度相对较弱，政策配套措施不够完善，甚至很多地方政府是照葫芦画瓢，仅对国家政策某些条款进行了不同程度的细化，根本没有制定相应的配套实施办法。由于地方政府配套政策措施的缺失，创业政策体系纵向上出现断层现象。

表5-2　近年来上海市出台的创业融资政策相关文件

	出台政策部门	文件名称
2005	上海市科委	《上海市大学生科技创业基金管理办法（试行）》

① 参见《南京市人民政府关于实施万名青年大学生创业计划的意见》（宁委发[2012]33号），2012年5月9日。

续表

	出台政策部门	文件名称
2005	上海市劳动和社会保障局	《关于促进就业专项资金担保开业贷款的实施意见》(沪劳保就发[2005]30号)
2009	上海市人民政府	《关于进一步做好本市促进创业带动就业工作的若干意见》(沪府发[2009]1号)
2009	上海市人力资源和社会保障局	《关于完善小额贷款担保工作的实施意见(试行)》(沪人社就发[2009]14号)
2010	上海市人力资源和社会保障局、上海市财政局、上海市金融服务办公室	《关于完善小额贷款利息补贴工作的实施意见》(沪人社就发[2010]67号)
2011	上海市就业促进中心、上海市开业指导中心、上海市失业保险管理中心	《关于完善小额贷款利息补贴工作操作办法》
2012	上海市财政局、上海市人力资源和社会保障局	《上海市小额担保贷款实施办法》(沪财社[2012]68号)
2013	上海市人力资源和社会保障局、上海市财政局	《关于进一步完善本市创业扶持政策的若干意见》(沪人社就发[2013]38号)

资料来源:根据上海市人力资源和社会保障局网站有关政策文件整理。

第二节　微观层次大学生创业政策体系的问题及成因

单元政策是大学生创业政策体系的基本构成要素,同时又自成独立的子体系。作为子体系的单元政策,同样具有政策体系的整体性、层次性以及与外部环境的适应性等特征。创业政策体系存在的问题除了表现在宏观层面以外,在微观层面的单元政策也存在许多问题。

为了更加准确地探讨创业单元政策存在的问题与成因,笔者自2014年8月起组织了对部分创业大学生和创业政策实施机构工作人员的访谈和调查(调查问卷见附录一)，访谈地点涉及上海、天津、济南、广州、武汉等城市。本次访谈和调查的创业者共24人，其中，4人为在校创业的大学生，其余20人为毕业5年内创业的大学生；采访创业政策实施机构工作人员共10人，均为人社部门和创业园的政府工作人员。本部分主要基于访谈、问卷调查的结果，并结合学术界的相关研究成果，从微观视角剖析作为子体系的单元政策，探悉其存在的问题与成因。

一、创业教育政策存在的问题及成因

经过10多年的探索和发展，我国的创业教育政策从简单倡导到系统推进，初步形成了内容较为全面的大学生创业教育政策体系，推动了高校创业教育的发展，对培育大学生的创新创业意识、促进创新型人才培养起到很大作用。但与发达国家创业教育政策相比，我国的创业教育政策整体上仍处于起步阶段，存在诸多问题。

1.创业教育政策缺乏系统科学的创业教育理念

创业活动水平最终要依赖于创业者的愿意和创业者的技能，而创业技能和创业意愿的提升关键在于以培养具有开创性个性的人为目的的创业教育。正如美国百森商学院蒂蒙斯教授所言，真正意义上的创业教育，既不是一种以解决生计为目标的职业培训，更不是一种“企业家速成教育”，它应是一个“能力取向”的概念，重在培养受教育者的创业观念、创业思维、企业家精神和创业能力。[①] 但是，由于我国大学生创业教育政策是以解决就业为导向的，对大学生进行创业教育的主要目的是让学生掌握创业的技能，通过创业解决就业问题，而不是谋求个人的高层次发展，导致创业教育带有明显的功利性色彩，创业教育成为“为创业而创业”的教育。因此，没有将创业教育理念融入教育的核心价值体系是我国创业教育政策最大的缺陷所在，这突出地表现在两个方面：

一是对创业教育的片面性理解。功利化的目标使创业教育被简单地理解为如何引导和教会学生创办企业，以此减轻来自就业方面的压力。目前，这一观念在高等教育界比较突出，很多师生包括教育主管部门的管理者对“创业”的理解都比较狭隘。许多高校管理者将创业教育仅看作是高校毕业

---

① 参见向东春、肖云龙《美国百森创业教育的特点及其启示》，载《现代大学教育》2003年第2期。

生就业指导的一部分，是对专业知识的补充，认为创业教育主要是对学生进行创业知识、创业技巧、创业政策等方面的指导。有的人把创业教育看作是对创业有兴趣的学生开展的课外辅导项目，认为创业教育是针对少数学生的教育，甚至认为创业教育是可有可无的教育，由此导致在实施创业教育过程中出现应付、变调等情况。另一方面，许多高校学生也将创业教育狭隘地理解为学习如何开办企业当老板，并没有把创业教育作为提升自身素质和创新能力的有效途径。有学者对温州大学生做过调查，就如何理解创业活动的问题，有48％和35％的学生分别选择了"经营活动"和"社会实践"；对于从事创业活动最主要的目的，接近半数的大学生认为是"锻炼才干"，次之为"营利"[①]，而没有认识到要提升自己的创新能力，发展自身潜力。

二是工具主义倾向。工具化的高等教育把教育作为使社会得以维持、延续和进步，个体借此获得某种能力得以更好地生存的工具。正如冯建军教授所言："现代社会高度的社会分工和市场经济的功利主义的逻辑，使人不再关注他自身，而关注社会的需要，因此，教育不是成'人'的教育，而是成'材'、成'器'的教育。"[②]由于缺乏科学的创业教育理念，加之创业教育所具有的实践性特点，极易出现"工具化"倾向。这从目前多数高校采取侧重大学生创业技能培养的创业教育模式中可以得到部分的印证。比如，许多高校主要通过设立创业基地，指导学生创办小企业或从事商业经营等市场活动来开展创业教育；有的则以组织学生开展"创业计划大赛"等赛事为主要方式，渗透创业教育；许多开设了创业教育课程的高校，其课程设置和内容也多是侧重实务操作层面，简单地满足学生对于创业知识和技能的需要。这种没有上升到理念指导层面的创业"实务"教育，不可能满足培养创新型人才教育目标的要求。

2.创业教育政策体系不完善

一方面，我国的创业教育没有系统完整的逻辑链，创业教育只局限于大学生，中小学阶段完全没有开展，创业教育政策体系不完整。另一方面，针对大学阶段的创业教育政策措施不够完善，且缺乏相应的促进机制，不能很好地应对时代的变化和社会要求。具体表现在：

第一，创业教育政策仍然停留在一般的号召层面，缺乏具体措施。从地

① 参见钱强《当前高校创业教育的问题与对策探究》，载《中国高教研究》2005年第8期。

② 参见冯建军《生命与教育》，教育科学出版社2004年版，前言第4页。

方政府的政策看，除了上海等少数几个发达省市外，大多数省市没有出台专门鼓励和支持大学生创业教育的政策和措施，致使接受创业教育的大学生并不多，效果也不理想。一项对山东大学、山东理工大学、烟台大学、泰山医学院等20余所高校进行的关于大学生创业教育的调查问卷显示，仅有22.2%的学生在学校接受过创业课程教育，27.8%的学生参加过创业的社团，参加过创业实践活动的只有0.6%，还有16.7%的学生从未接受过此方面的引导教育。①

第二，缺乏适合中国国情的创业教育课程体系。受传统教学模式的影响，我国绝大多数高校并没有将培养学生的创新创业能力真正纳入高等教育主流教育体系中。目前，许多高校还没有开设创业教育的课程，有学者对创业教育开展较好的上海、广州两市10所大学进行了调查，发现只有22.87%的学生所在高校开设了创业教育课程②，更多院校的创业教育基本还是停留在创业竞赛等活动的层面。在那些开设了创业教育课程的高校，也未将创业教育融入高校人才培养的整个体系之中，没有统一的基础性课程设置和教学培养目标。创业教育课程或被列为文化素养选修课程，或被列为全校公共选修课，创业教育成为“正规教育”之外的“业余教育”。

以北方某“985”高校为例，该校于2009年开始在全校开设创业教育课，课程属性为通识教育课，本科生自愿选修。目前共开设了“创业管理与实践”和“大学生KAB创业基础”两门课程，均为2学分，开课时间为一个学期。两门课程每学期选修学生数一般在200～300人，全年共计600人左右，占全校本科生的比例约为8%。从上述统计数据可以看出，尽管当前社会形势的发展使创业教育方面的知识在大学生中有了很大的需求，但从学校层面来看，创业教育类型的课程仍属于“业余教育”范畴，课程覆盖面较窄，课程的组织、内容设定、教材选用等基本上由主讲教师负责安排，学校并没有制定统一的创业教育课程体系和规划。

第三，缺乏创业教育师资队伍建设的具体措施。目前我国从事创业教育的教师大多缺少创业实践的经历，因此，在教学过程中更多倾向于作一些理论阐述，难以将理论与实践相结合地对大学生进行创业教育，教学效果不尽如人意。有学者对大学生创业教育情况进行调查，结果显示，73.36%的

---

① 参见王原《高校创业教育，怎么成了“鸡肋”》，载2011年7月31日《大众日报》。

② 参见张留禄《公共管理视角下的大学生创业服务体系》，载《广东社会科学》2013年第6期。

人对高校创业课程设置及实施情况感到不满意，其中27.34%的人认为很差或比较差。[①] 在发达国家，教授创业课程的教师一般分为两种：一种是专职教师，主要由高校商科的教师或拥有创业或投资经历的教师组成，为学生未来的成功创业提供技术支持。另一种是兼职教师，他们都是具有丰富的创业经历的企业家或职业经理人，通过讲座和实践活动向大学生传授创业的实际经验，并为大学生制定的未来创业计划提供建议。我国的创业教育政策，内容上虽然规定了要增强创业教育师资队伍建设，如支持教师到企业挂职锻炼，参与创新创业实践，建立一支由企业家和创业成功人士等作为兼职教师、专兼结合的高素质创新创业教育教师队伍等，但是，由于高校现行的教育体制缺乏相应的激励机制，致使政策仅仅停留在纸面上，创业教育师资的系统培训机制尚未建立，大学生创业导师制也还未形成规范的评审标准。

二、创业融资政策存在的问题及成因

资金是企业体内的血液，是企业进行生产经营活动的必要条件，没有足够的资金，企业的生存和发展就没有保障。是否拥有稳定的资金来源往往决定着企业发展的成功与否。因此，能否成功融资是大学生能否创业以及创业企业能否生存和发展的关键。尽管国家对大学生创业出台了一些优惠的融资政策，但由于大学生创业者有其自身的特点，客观条件决定了并不是每一种融资方式都适合他们。目前，政府部门的各种优惠政策以及金融机构的贷款行为能够在一定程度上起到助推大学生创业的作用，但由于融资政策缺乏针对性、融资渠道单一等问题，大学生创业融资政策实施效果并不理想。

1.现有融资政策针对性不强，融资渠道不畅

从融资方式看，目前国家针对大学生创业主要推出三种融资措施：财政专项资金政策、小额担保贷款和创业基金政策。财政专项资金政策具有很强的行业指向性，申请的创业者必须是从事高新技术产品的研发、生产和服务业务，而高新技术行业的资金和技术要求都很高，刚毕业大学生很难涉足，因而绝大多数大学生创业者很难获得财政专项资金的支持。小额担保贷款政策因其限制条件多，手续繁杂，效果也不理想。大学生申请小额担保

① 参见刘沁玲《河南省大学生创业政策评价与展望》，载《商场现代化》2010年5月（下旬刊）。

贷款的条件中对申请人是否具备当地户口，是否有固定的经营场所、营业执照、经营许可证等等，都有一系列的硬性限制。同时规定，大学生创业小额贷款的反担保采取担保人担保方式，担保人必须是所在地的“全供行政事业单位人员”。而现实中，大学生多是异地读书、异地创业，本地资源非常有限，仅是找到合适的担保人就成为一个难题。另外在申办手续方面，要涉及工商、税务、中介机构和商业银行等多个部门，经过七个环节，期间还要办理各方面的手续，其中任何一个环节出了问题，贷款就难以获批。这些限制性条件和繁杂的手续使大学生对担保贷款望而却步。笔者针对创业贷款问题的调研发现，在被调研的 24 名创业者中，成功申请到贷款的仅有 4 人，占 16.6%，80%多的创业者没有申请到贷款，而其中的 30%是因为“听说贷款手续太麻烦，没敢申请”。以辽宁省为例，自 2009 年至 2015 年初，辽宁省大学生创业基地孵化的 250 多个企业基本上都没有申请到小额贷款，政府准备的 5000 万元小额贴息贷款基本上没贷出去。[①]除政策本身的原因外，从银行方面来看，考虑到大学生的实际情况和还款能力，银行工作消极应付，“怕贷”、“惜贷”观念严重，采取提高小额担保贷款门槛等方式来被动防范风险。下面的案例也很好地说明了这一问题。

【案例 1】小李于 2012 年开始创业，当时正上大四。他听说国家有支持大学生创业的贷款政策，就兴冲冲地跑到银行咨询。结果到过几家银行，得到的答复都是“没有这样的政策，要贷款就要和普通人一样抵押贷款、信用贷款”。由于没有可抵押的东西，最后他只好还是向父母和亲朋借款开办了现在的这家信息科技公司。

（资料来源：根据被访谈大学生创业者的口述资料整理）

从该案例可以看出，国家在银行信贷方面的创业扶持政策并没有真正得到有效落实，致使部分创业者难以从银行获得资金支持。银行作为金融类企业，具有理性经济人的特性，趋利避害、实现盈利最大化是其目标和所遵循的经营原则，但是这却与国家对大学生创业的扶持政策初衷相悖，让众

① 参见《青年创业仍存“双低”现象》，http://www.mzyfz.com/html/752/2015-05-27/content-1126992-2.html。

多创业的大学生遭遇到“制度性冷漠”。麦可思发布的调查数据显示，在2012届高职高专创业大学生中，创业资金仍然多是来自于家庭，约占60%，其次是个人积蓄和银行贷款，占25%，而由政府提供资助（科研基金、创业基金或优惠贷款）的比例仅为1%。[1] 这些事实说明在推动大学生自主创业中，政府促进大学生创业的政策虽好，但由于针对性不强，难以落实，政策作用比较微弱。

2. 融资渠道匮乏，资金来源单一

融资渠道，是指企业获得资金的渠道，主要有两种方式：内源融资和外源融资。其中内源融资是指企业自有资金和将生产经营过程中的留存收益进行再投资的过程；外源融资是指企业吸收其他经济主体的储蓄，使之转化为自己投资的过程，主要包括直接融资和间接融资两种方式。直接融资与间接融资的区别主要在于是否存在融资中介。直接融资即企业直接从市场或投资方获取资金，间接融资是指企业的融资是通过银行或非银行金融机构渠道获取。外源融资是企业发展所需资金的主要来源。大学生创业融资政策就是针对创业过程中所需的外源融资而言的。

目前，在我国大学生创业融资政策中，用于大学生创业直接融资的支持资金主要由地方政府出资设立，受限于地方政府的财力，资金规模都不是很大，多的也就几亿元，少则几千万元。我国的创业资本规模小，这与大学生创业企业对创业资本的需求很不相适应。由于公共资金有限，政府对大学生创业融资的支持政策过分依赖银行的作用，对风险投资和民间资金的引入都没有明确涉及。而银行贷款优惠也仅限于小额担保贷款，渠道方式单一。创业发展较为发达的国家经验告诉我们，一个良性的创业融资金融体系不能仅仅把银行贷款作为整个社会大学生创业融资的主要渠道，民间资金的投入、风险投资和天使基金在创业初期融资中应该占据更高的比例。

风险投资（venture capital）也叫“创业投资”，源于20世纪60年代的美国，它与传统的金融服务不同，风险投资不需要抵押，也不需要偿还。它通常以部分参股的形式进行，具有强烈的“承受风险”的特征。美国苹果电脑公司、雅虎（Yahoo）、微软（Microsoft）等，其迅猛的发展无一不是借助了创业风险投资的资金和管理支持。可以说，风险投资是推动美国高科技企业

---

① 参见陶涛《六成创业资金来自父母亲友》，http://zqb.cyol.com/html/2013-07/08/nw.D110000zgqnb_20130708_1-09.htm。

发展的强劲源泉。另外，其他如德国政府设立的政策性银行，法国政府为帮助负债过重的中小企业设立的再投资特别贷款，美国的投资计划、贷款和赈灾贷款计划都为中小企业的融资提供了重要渠道。相比之下，我国针对大学生创业的金融支持还很匮乏。

三、商务支持政策存在的问题及成因

任何经济活动都存在一定的风险，创业活动由于其具有"不确定性"的特征更是如此。降低创业过程中由政府的规制所引发的成本负担，可以起到激励创业者进入的作用。大学生创业的商务支持政策其目的就在于此。但从目前政策的内容来看，无论是降低市场准入壁垒的政策还是创业的税收优惠政策，政策内容都相对单一，优惠力度不足，对于创业者的激励效应非常有限。

1.市场准入政策治标不治本

现行的市场准入的优惠政策主要包括放宽准入规制和减免行政性收费政策。新《公司法》颁布之前，许多地方政府已经对大学生创办企业施行了"零首付"的准入政策，新修订的《公司法》取消了原有对有限责任公司、一人有限责任公司、股份有限公司最低注册资本分别应达 3 万元、10 万元、500 万元的限制。这些降低准入门槛的政策，其促进创业的初衷很好，但刺激创业的作用有限。因为开办公司总要有基本的开办资金，用以租赁办公场所、招聘人员、办理证照等，3 万元的门槛并不会阻碍有实质创新能力的大学生创业的步伐。相反，"零首付"政策还会增加创业失败的风险。据杭州市工商局的统计，大学生创办企业有近一半选择"零首付"，但是截至 2012 年上半年，有 64 家 2009 年成立的企业、153 家 2010 年成立的企业、138 家 2011 年 1～10 月成立的企业资金仍然没有到位，企业运行资本仍为零。①另有调查显示，温州市 2012 年 5～9 月"零首付"注册的 36 家大学生创办企业中，处于非正常营业状态的占 14.02%，企业注销量近 6%，生存最短的企业仅维持了不到 5 个月。②这说明资本仍然是创业的先决条件，降低资金准入门

① 参见《杭州工商发布大学生创业企业生存现状报告显示——最命短大学生创办企业活了不到 5 个月》，浙江省工商行政管理局网，http://gsj.zj.gov.cn/zjaic/gzfw/myjj/201204/t20120409_96427.htm。

② 参见王惠《政府创业扶持政策对大学生创业的影响评价及其优化——基于浙江省的分析》，载《企业经济》2014 年第 3 期。

槛表面上看似乎创办企业更容易了，但实质上会增加失败的风险，同时还会降低创业企业的信誉度，带来不利的创业环境舆论。另外，企业一旦无力经营，注销公司就是一个很麻烦的事，给创业者和政府部门增加新的负担和时间精力成本。

【案例 2】小张是一名创业大学生，由于企业经营不顺无以为继，决定注销公司。小张按照正常程序于 2014 年下半年提交相关材料报地税部门审批，但是直到八个月以后，地税局的税务审查都没有给予答复，去咨询对方就只一句"正在办理，回去等信儿"。即便地税局批复了，后面还有国税局审批、工商局注销备案、质检部门注销代码证等多步手续。小张深有感触地讲："往后想想都感觉害怕，创业一旦失败，退出都是一个很大的问题，全部办完不知需要多长时间。"

（资料来源：根据被访谈大学生创业者的口述资料整理）

政府为降低市场准入门槛，将注册资金的限制降至为"零"，其目的是鼓励更多的具有创业条件和能力的人加入到创业队伍中来，但创业成功毕竟是少数，那些创业没有成功的人就面临着如何退出的问题，但我国的相关政策只关注了创业准入方面，对创业失败者退出没有给予足够的重视，由于创业准入政策和退出政策不配套，导致相关政策治标不治本。

另一方面，有关减免行政性收费的政策作用也不明显。根据政府的相关规定，高校毕业生从事个体经营的，在毕业 2 年内自其在工商部门登记注册之日起 3 年内免交有关登记类、证照类和管理类收费。表面看政策优惠力度较大，但是仔细算起来总费用加在一起也不过几百元钱，对于创业者来说，这项政策对创业者的扶持力度实际作用并不大。

2. 税收优惠政策简单低效，扶持力度不足

优惠的税收政策可以降低创业成本，增加创业收益。但是，就现有大学生创业的税收政策来看，优惠范围和力度都相对有限。

【案例 3】一位沈阳大学生创业者的税收账单：2013 年公司全年营业额 52.1 万元，利润 26800 元。依法缴纳了全部税费，其中增值税 24300 元，个人所得税 10120 元，企业所得税 6700 元，残疾人保障金

2265 元，房产税 2100 元，共计纳税 45485 元。纳税总额相当于全年营业额的近 1/10，相当于全年净利润的近 2 倍。

（资料来源：《走出“温室”，大学生“创客”须送一程》，http://news.xinhuanet.com/mrdx/2015-05/14/c_134238528.htm）

以上事例从一定程度上说明国家针对大学生创业的税收优惠政策并没有真正起到减轻创业企业税收负担的作用。究其原因，主要有以下几方面的因素：

第一，税收优惠的税种少。大学生创业的税收优惠政策中涉及的税种较少，主要是收益性的税种，如企业所得税。2010 年出台的税收优惠政策里涉及的税种主要是营业税、个人所得税、城市建设税等地方性税种，但税率都相对较低，优惠力度和优惠范围小。而现有大学生创业的税收优惠政策并没有涉及增值税、消费税等税率较高、税基广的商品税。

第二，税收优惠的期限短、限制多，致使政策基本处于无效状态。国家规定，在毕业年度内从事个体经营的高校毕业生，可以在 3 年内享有每年依次扣减营业税、个人所得税、城市建设维护税、教育费及附加等相关税种的 8000 元限额的税收。许多地方政府都规定大学生毕业后从事创业并且在 2 年内办理工商登记的可免征 1 年的营业税。这些政策的年限限制使得许多创业者无法享受到政策的优惠，这是因为，有调查显示，大学生创业者中有 32%是在毕业工作 2～4 年后才开始创业①，显然，“3 年内享受税收政策”的规定基本对他们没有意义。有研究者在江西省所做的问卷调查也表明，绝大多数自主创业的企业未享受过政府的减免税收优惠。② 2014 年 10 月，国家税务总局《关于小微企业免征增值税和营业税有关问题的公告》发布，该公告规定：“月销售额不超过 3 万元（按季纳税 9 万元）的，免征增值税；月营业额不超过 3 万元（按季纳税 9 万元）的，免征营业税。”大学生创办的企业大多是小微企业，创办 3 年内的营业额或销售额基本都在此政策规定范围内，可以自然地享受该政策，不必再去申请手续繁杂的大学生创业税收优惠

① 参见《杭州大学生创业发展现状：近四成大学生创业能赚钱》，http://zjnews.zjol.com.cn/05zjnews/system/2012/11/06/018926366.shtml。

② 参见宁亮《促进创业活动的政府行为研究》，江西财经大学博士学位论文，2009 年。

政策。因此，有些针对大学生创业的税收优惠政策对于大部分大学生创业者来说已经没有了实际意义。

第三，税收优惠的形式没有实现多元化，较为单一。目前的税收优惠政策多采用税率优惠和减免税等直接优惠的做法，国际上更为通用流行的间接优惠的做法我国尚未很好地采用。实行税率优惠和减免税收等形式不仅减少了企业的绝对收入额，还使得政策实施对象仅仅是那些已经取得收益的企业，优惠波及面狭窄，不能很好地满足不同类型企业发展的需要。

第四，税收优惠的激励作用不足。大学生创业最大的难题之一是融资问题，政府应当发挥税收的导向作用，有效地引导社会资本投资大学生创办的企业。但是，我国目前鼓励社会投资的优惠政策较少，激励作用不够。比如，我国对于创业投资企业的税收优惠政策规定，创业投资企业投资中小高新技术企业可按投资总额的70%抵扣应纳所得税。也就是说，只有所投资企业既符合中小企业标准，又符合高新技术企业标准的才能够享受所得税抵免，而现实中，一般的投资企业大多达不到规定，致使这一政策并未发生预期的效用。

四、创业环境政策存在的问题及成因

一般将环境分为软硬两个方面，硬环境是一种物质环境，是由有形的物质条件构成的空间和场所，而软环境是一种精神环境，是由无形的精神因素构成的境况和气氛，是一个被人体验和意识的世界。一般来说，人们相对重视硬环境，而忽视软环境的建设。学界通常也将创业环境分为软环境和硬环境两个方面，软环境包括创业服务体系和创业文化环境等无形环境条件，硬环境包括基础设施、场地等有形环境条件。为有效激励及帮助大学生自主创业，各地政府也根据本地区自身情况出台了相应的政策，为自主创业的大学生们提供场地、设备、租房补贴等政策支持，使大学生创业的硬环境得到很大改善。但是，相比之下，创业软环境的改善还较欠缺，尤其是创业文化的建设，政策多停留在务虚的层面，缺乏实实在在的措施。

1. 对创业文化的培育重视不够，宣传教育不到位

在当今社会，大学生是否选择创业会受到社会文化氛围以及人们对待创业的态度的直接影响。在我国的传统文化中比较崇尚安稳和保守，不太鼓励创新和创业。尽管经历了改革开放，但传统文化中的一些消极因素对当前的创业仍然产生着较大的负面影响。从全社会来看，目前社会的整体

创业氛围不够，人们对创业的价值认同不够，普遍将其视为“就业不成、找不到好工作”之后的无奈选择。以“创业带动就业”的观念，本身就包含着非常功利的思想色彩，没有从根本上意识到创业对于国家民族发展、个人发展的重大意义，还是停留在传统“就业”观之中。创业者的社会地位不高，尊崇创业的舆论氛围不够浓厚，对成功典型激励、宣传不多，对创业失败者的鼓励、帮扶不够。很多人潜意识里将创业行为视为“不安分”，使创业者承受来自各方面的压力，使创业失败者的再择业更加困难。另外，当前我国国民诚信意识欠缺，失信行为比比皆是，而且大家并不以为然，各种违法违纪行为屡见不鲜，严重破坏了市场经济秩序，严重影响了创业者的创业热情和积极性，给涉世未深、缺乏商场历练的大学生创业者带来了很大阻碍，影响了创业活动的开展。

2. 创业服务不到位，公共服务体系有待完善

创业需要服务，服务助推创业。对于创业者而言，创业服务是帮助他们走上成功创业之路的重要因素。由于我国大学生创业服务政策还处于起步阶段，缺乏统一的创业服务管理平台和模式，致使创业服务的质量和水平不高。一项针对大学生创业者的调查显示，对“当创业过程中遇到困难时首先求助的对象是谁”的选项，有 34.5％的人选择“父母和家人”，31.5％的人选择“亲戚和朋友”，而仅有 16.9％的人选择“政府相关部门”，选择“高校就业机构”的更少，其比例仅为 13％。① 高校毕业生在创业遇到困难时首先想到求助父母家人和亲戚朋友，两项相加比例高达 66％，这说明政府的服务是缺位和不足的。由此可见，政府为高校毕业生创业提供的各项服务还很欠缺。这主要体现在三个方面：一是公共服务体系不完善。政府积极的创业政策必须配以完善的服务体系才能发挥其作用。对创业者而言，创业理念的确立、创业信息的获取、创业本领的提高以及创业过程中的保障等，也都需要公共创业服务体系来提供支撑。但是，由于我国缺失协同大学生创业的服务性机构，政策资源比较分散，叠加效应凸显不够，使大学生创业政策对创业活动支持和保障效率降低。二是创业的社会保障制度还未形成良好的体系。健全的失败保障机制能够使创业者免去后顾之忧，在发达国家，健全的失败保障机制是创业体系的必要组成部分，而在我国，创业失败保障机制尚未形成，无形中也阻碍了创业活动的发展。三是行政管理效率较低。

---

① 参见唐志敏、苗月霞《我国高校毕业生创业政策分析》，载《第一资源》2011 年第 2 期。

比如，在创业服务的相关程度方面，我们仍然保留着较多的计划经济色彩。世界银行《2010 年企业经营商业环境报告》指出：在加拿大成立一家公司需要 5 天时间 1 个程序，香港需要 6 天时间 3 个程序，美国需要 6 天时间 6 个程序，而在我国则需要 38 天时间 14 个程序。[①] 这些现实问题都需要政府加大扶持力度，积极完善各项相关政策，真正为大学生创业营造良好的政策环境。

第三节　大学生创业政策体系实施中存在的问题及成因

我国的大学生创业政策体系不仅在制定层面存在诸多不完善的地方，在实施方面也存在一定的不足，致使政策实施效果不理想。

政策实施也叫“政策执行”，是政策执行者通过一定的组织形式，运用各种政治资源，采取解释、推动、宣传、协调、控制与监督等行动，将政策内容转化为现实效果的过程。政策实施是实现政策目标的关键环节。美国政策学者艾莉森认为，“在实现政策目标的过程中，方案拟定的作用只占 10%，而其余的 90%取决于有效的执行”[②]。我国大学生创业政策实施方面的突出问题主要表现在以下几个方面：

一、政策信息的传播效果不佳

公共政策传播是政策运行过程的一个首要阶段，政策传播的目的是“使政策为人们所了解，并逐步内化为人们有意识的自觉行为，从而以利于政策的实施”[③]。在政策传播机制中，政策传播的模式、渠道以及政策主体对政策的态度是政策传播效果的重要影响因素。当前，我国大学生创业政策主要采取两种传播模式：组织传播和媒体传播。

组织传播，即政策以文件、会议等形式通过各级政府逐级传达。这种模

① 参见施耀忠《关于扶持大学生创业的建议》，中国共产党新闻网，http://theory.people.com.cn/GB/40537/14196635.html。

② 转引自陈振明主编《政策科学——公共政策分析导论》，中国人民大学出版社 2008 年版，第 245 页。

③ 刘雪明、沈志军：《公共政策的传播机制》，载《南通大学学报(社会科学版)》2011 年第 2 期。

式中每一级行政组织既是上级信息的接收者，同时又是下级信息的传播者，各级行政组织在接收上级的信息后，或多或少地要根据自己的理解和偏好，并结合本部门以及本地区的实际对信息进行一定的加工，然后向下一级进行传递，由于传播渠道过长，信息在多级传递、层层过滤过程中，不可避免地出现政策信息的递减、失真和流失。

媒体传播，主要是通过政府网站、广播电视、报纸杂志和网络对大学生创业政策进行宣传。其中，政府网站是主要方式，是最权威的信息来源地，但是，作为新生事物，目前政府网站建设发展不平衡、不完善。比如，中央、省级部门的网站比较完善，对大学生创业比较重视的某些基层政府网站相较而言比较完善，而大多数基层政府的网站比较简单，涉及大学生创业的相关内容很少。2009 年中国政府网站绩效评估结果显示，依靠政府网站获取办事资源与信息的网民不到一半，其原因主要是网站的服务内容资源不丰富，服务功能太过僵化，服务形式不够人性化等。[①] 这体现出政府网站的建设与大众的需求和期望存在较大差距，也体现出政策传播者的服务意识和政策宣传意识还有待提高。其他的网络传播渠道，如商业网站，也对信息传播起到一定的作用，但是由于各种原因会出现失真的情况，必须要加以区分鉴别，因而只能作为信息接收的辅助渠道。另外，作为影响范围较广、影响群体较大的电视、报刊等传播渠道，由于对大学生创业及其优惠政策的宣传不足，在政府对大学生创业政策的宣传中发挥的作用较小。这些问题导致大学生创业者对创业政策知之不多，对政府优惠政策的精神解读不到位。一项对创业大学生进行的调研结果显示，有 80.8%的大学生对创业相关政策不了解，有 15.87%的学生表示比较了解，只有 3.33%的学生表示了解。[②]

二、政策实施的组织保障不力

组织理论学派认为，任何政策都是通过一定的组织才得以实施的。“政策能否被有效执行，关键在于执行机构的主客观条件，主观上要看能否理解和领会政策，能否具有执行的积极性，客观上要看是否拥有足够的资源，是

---

① 参见《人民网副总裁罗华发布 2009 年网民评议调查结果》，http://news.ccidnet.com/art/1032/20100112/1978051_1.html。

② 参见颜中玉、姚金海、罗元《大学生自主创业认知调查及对策——以湖南 7 所高校为例》，载《湖南师范 大学教育科学学报》2013 年第 4 期。

否拥有足够的执行能力。”[①]我国大学生创业政策的实施效果不理想，既有执行机构主观上对政策理解和掌握程度的因素，也有客观上存在的政策实施条件限制的因素。主要表现在以下几方面：

1. 某些地方政府和高校政策执行不力

近年来，特别是最近几年，国家再三强调要大力支持和扶持大学毕业生创业，但是一些地方仍然存在“上有政策，下有对策”的情况，某些政府机构、有关单位和高校没有认真地贯彻执行，各行其是。例如，有些地方政府人才交流中心对未就业的大学生办理人事择业代理每年照样要收 240 元代理费，人社局档案部门保管大学生档案每月照收 20 元的保管费；许多高校只是象征性地开设创业教育的课程或者创业活动，对学生创业意识和创业能力的提升没有实质性的改变。在一些地方，许多创业政策成为“看得见摸不着”的政策，因为没有制定相应的具体实施办法，致使创业者在实践中发现部分政策条文找不到最终执行者，各个部门互相推诿，使政策执行陷入死循环。

【案例 4】小金是南方某地板公司的创建人，主要从事家居建材地板经营。他于 2012 年创业时申请小额担保贷款，结果碰到了一个难题，政府的文件中规定，自主、合伙创办小企业从事建筑业、娱乐业、广告业、桑拿、按摩、网吧、氧吧和批发、批发零售兼营以及其他非零售业务的商贸企业不在享受小额担保贷款政策之列。因此，银行拒绝为小金办理贷款。但是，显然小金的公司并不属于建筑业。无奈之下，小金到政府部门来来回回开了很多证明，拖了很久才办下来。

（资料来源：根据被访谈大学生创业者的口述资料整理）

一般来讲，中央政府发布的政策多属于宏观政策层次，主要规范政策的基本原则，不会涉及操作层面的具体细节，而多是把实现政策目标的具体措施交给政策具体执行部门去落实。在创业政策的实践中，由于环境的复杂性和客观条件的多变性，需要基层组织和政策的具体执行者在实施政策时进行灵活的把握，而不能僵化机械地生搬硬套，否则，不但不能很好地实现

① 参见谢明《公共政策概论》，中国人民大学出版社 2010 年版，第 283 页。

鼓励创业的政策目标，而且会打击创业者的信心和热情。之所以出现上述问题，一个重要的因素是一些政策执行机构对政策的执行缺乏督办、协调和辅导的机制，上级对下级的工作部署是"以文件落实文件"，过于依赖下级的自觉性和工作能力，从而导致政策落实的偏差。

2. 政策执行主体的素质有待提高

作为政策执行的基础资源，执行主体的作用是不言而喻的，政策执行主体对政策的认知水平、组织协调能力等因素都直接影响政策执行的效果和效率。在政策执行过程中，如果执行主体自身对于政策的认知水平不高，从而对政策的本意理解不深不透，那么就可能出现对政策的片面理解，使政策执行不能正确地体现决策者的意图。更有甚者，如果执行主体对政策内容不赞同，甚至存在抵触心理，那么在政策执行过程中就很容易出现选择性执行的情况。正如美国学者阿尔蒙德和小鲍威尔所指出的，"一项普通政策得以贯彻到什么程度，通常取决于官僚对它的解释，以及取决于他们实施该政策的兴致和效率"[①]。

在我国大学生创业政策的执行过程中，就存在部分执行人员缺乏责任感和进取心、思想观念陈旧、缺乏创新精神等情况。另外，一些执行主体身上还存在着"人治文化"的烙印，致使政策在执行过程中变形走样。

3. 客观上贯彻创业政策实施的资金保障不足

政策的有效实施需要拥有足够的物质保障，从发达国家情况看，大部分国家为促进本国的就业和创业，都特别重视对创业投资的财政支持，美国创业投资占到 GDP 比重的 1%，而 2006 年中国创业投资仅占 GDP 的 0.025%。[②] 大学生自主创业在我国是一种新生事物，更需要政府的引导、鼓励和支持，政府制定支持创业的优惠政策是一个方面，而保障政策得以实施的物质条件也应该成为政府关注的重要方面。但是，当前我国财政对于就业和创业的支持力度还明显不足，就业与创业支出占总支出比例明显低于发达国家，导致有关部门在执行政策过程中费用开支不足，影响政策的贯彻力度。

---

① [美]加布里埃尔·阿尔蒙德、小宾厄姆·鲍威尔：《比较政治学：体系、过程和政策》，曹沛霖等译，上海译文出版社 1987 年版，第 325 页。

② 参见辜胜阻《推动中国经济迈向创业型经济》，http://finance.people.com.cn/GB/43429/125491/125510/7431702.html。

三、缺乏政策实施的监督和评估机制

1.政策实施监督机制不健全

对政策实施进行监督是政策过程的有机组成部分，也是促进政策有效执行和防止政策失控的重要手段。在政策实施过程中，如果没有有效的监督和防范机制，政策执行主体自身又缺乏自我监督的意识和行为，工作过程中出现问题就在所难免。尤其在利益主体多元化的情况下，各利益主体为了维护自身利益往往选择性地执行政策，导致政策的实施低效甚至变形。因此，加强政策执行监督显得更为重要。

目前，我国大学生创业政策仍主要由各级行政部门制定并负责实施，没有建立统一的大学生创业政策实施的监督机制，也没有建立相应的监督机构，因而各级政府对实施中的政策具有较大的自由裁量权，往往选择有利的政策执行方案来规避政策执行风险，以保障地方利益和局部利益，导致大学生创业政策偏离预期目标。在地方层面，对于大学生创业政策执行的内部监督多取决于地方政府政策制定主体的意愿，有些部门能够重视政策的执行情况，通过将政策目标层层量化和分解的方式，促进各基层部门对政策的落实，并采取检查评比等方式监督政策的贯彻程度和政策效果，但多数部门只是提出要求，并没有制定具体的措施以真正对政策执行情况进行监督。由于缺失上一级组织对下级政府政策执行的监督，在政策执行的具体环节中，许多基层政府部门也没有建立对政策执行者执行政策情况的考核机制，导致在一些情况下政策执行变成了凭良心执行，少数政策执行者出工不出力，消极应付，甚至曲解政策内容，政策执行发生错误，却无法追究执行人员的责任。由于缺少政策实施的监督机制，政府制定的政策无论怎么科学和完善，都难以达到预期的效果，创业大学生的权益得不到保障，政策目标难以实现。

2.政策体系的评估机制缺位

政策评估是政策过程的又一个重要环节。一项公共政策产生之后，其实施效果如何，短时间内很难一目了然地得出结论，必须借助必要的技术和手段收集政策效果信息，并加以科学的分析和阐释，才能了解和把握公共政策在运行过程中的优点和缺陷，从而不断改进和完善公共政策，保证顺利实现既定目标。近年来，国家和地方政府为促进大学生自主创业，制定了一系列创业政策，但这些政策的实施效果如何，还存在哪些问题，是否需要调整，都需要进行科学的评估，否则很难作出判断。

但是，由于我国的大学生创业政策实践的历史较短，我国政府重视创业政策的制定，对政策实施的评估环节没有引起足够的重视，至今仍没有建立起健全的大学生创业政策实施的评估体系。无论是对政策过程的评估还是对政策效果的评估都存在缺位现象，致使政策在执行过程中存在的问题无法明晰，政策的实施效果不能被及时地掌握，这既不利于及时对现行政策进行纠偏，也不能对下一步出台的政策提供参考和借鉴。

本章小结

我国大学生创业政策体系在不断完善，并在促进大学生就业创业方面取得了一定的成效，但是由于我国的大学生创业政策是在市场经济制度的调整和转型以及应对高校扩招带来的就业压力大背景下产生的，以解决大学生的就业问题为主要目标，因而具有较强的应急性、功利性色彩，导致政策体系的构建欠缺整体性和系统性，呈现碎片化和断层的现象。从微观单元政策看，同样存在诸如政策理念欠缺科学性、政策内容针对性不强、政策治标不治本等突出问题。同时，由于缺少与其他相关政策要素的有机互动，各创业单元政策的实施成效也未能最大化。除政策本身存在的问题外，在政策实施过程中也存在突出的问题，有政策执行主体对政策的重视不够、领会和理解政策的能力不高的问题，也有政策运行机制不够健全的问题，如政策宣传效果不佳、组织保障不力、监督机制和政策评估机制欠缺等，致使政策没有得到有效的实施。我国大学生创业政策体系在内容和实施方面的困境导致其难以达到政策的预期目标。据著名教育评估咨询机构麦可思公司的调查，自从2008年中国实施“促进以创业带动就业”战略以来，全国大学生创业的总体比例有所上升，从2008届毕业生的1.0%上升至2014届毕业生的2.9%[①]，但这一数据与国家的预期目标以及发达国家的创业水平仍然存在较大差距。

① 参见《〈2015年中国大学生就业报告〉发布》，人民网，http://sc.people.com.cn/n/2015/0615/c345167-25242445.html。

第六章　完善我国大学生创业政策体系的策略与路径

如前所述，大学生创业政策是一个复杂的体系，涉及创业教育、创业融资、创业导向和创业激励等诸多环节，科学有效的大学生创业政策体系应该是在相关理论指导下形成的目标明确，有针对性、前瞻性、系统性和完整性的政策体系，特别是应能够针对大学生群体、针对创业过程各环节设计科学的政策内容，并使创业政策体系各单元在纵横两个向度上相互衔接，有机统一，共同作用。本章基于我国的大学生创业政策体系存在的突出问题，借鉴发达国家的经验，从宏观体系、微观单元和政策实施三个层面提出完善大学生创业政策体系的方略和实现路径。

第一节　宏观层次的大学生创业政策体系完善策略

针对我国大学生创业政策体系缺乏整体性和层次性的问题，本部分基于宏观视角从体系组织结构和顶层设计两个方面提出完善我国大学生创业政策体系的路径。

一、重构大学生创业政策体系的组织结构模式

前文述及，由于我国大学生创业政策制定与实施中缺乏统一的领导机构，政出多门、权责不清，造成力量分散，难以形成促进创业的合力，导致我国大学生创业政策体系在宏观层次上存在整体性不足、层次不清等突出问题。为解决这些问题，首先需要整合现行的政策制定主体，重构统一的具有权威性的大学生创业政策制定与实施的组织结构。

从创业活动比较发达的欧美国家的经验来看，为有效地促进创业活动，

大多数国家都设立了相关机构，专职负责创业政策的制定和执行。这些国家的创业政策组织结构大致可分为垂直型、水平型和伞型三种类型。[①] 澳大利亚、加拿大等国家采用的是垂直型结构模式，这种模式的特点是由中央政府各部门按照自己所辖领域分别制定和实施相应内容的创业政策，其下属各级政府部门层层贯彻落实，由于是垂直管理，各政府部门之间的相互干涉或合作相对较少。有些国家则采取水平型结构模式，在这种模式下，各级政府和多个政府部门在政策制定和实施过程中相互联合与协调，共同致力于提高创业水平。如荷兰，其经济事务部(Ministry of Economic Affairs)负责协调创业政策的执行，但在执行过程中会主动与其他部门和各级政府紧密合作。在芬兰，创业项目由贸易产业部(Ministry of Trade and Industry)领导，但同时又有 9 个部委和地区创业协会通过协调委员会进行联合管理。这种组织模式必然面临很多问题，其中最大的挑战就是怎样有效地疏通和管理这些贯穿在各政府层级之间和各部委之间的多层关系网络，以及监控各相关部委的创业政策实施。还有些国家，如美国、英国等，采用伞形结构模式。所谓伞形组织结构，“伞顶”是国家设立的一个专门机构，负责制定创业政策，“伞骨”是其下属组织和相关机构，负责具体实施创业政策，并对创业活动加以指导和管理。如美国就设立了小企业管理局(SBA)这一专门机构，英国也设有类似的专门的小企业服务机构。这种组织结构的优点是能够保证政策的连贯性和一致性。以上三种创业政策的组织模式各有利弊，没有哪一种模式明显优越于其他两种。鉴于创业政策受到多种因素的影响，相比较而言水平型创业政策组织结构似乎更具合理性。但是，如果组织结构体系中缺少了领导核心，政策实施过程中就会出现很多问题，遇到很多困难。因此，就有国际组织如经济合作与发展组织(Organization for Economic Co-operation and Development，OECD)呼吁建立中央集权的中小企业局或相关机构。

从我国的情况看，大学生创业政策制定与实施的组织结构基本还属于较为落后的垂直型模式，创业政策制定主体多元，政策目标不统一，每个部门都只关注自己所辖领域的政策议程，政策的实施过程也带有明显的行政性特点，没有国家层次的统一框架来指导创业政策的制定、实施和创业活动

---

① 参见李政、邓丰《面向创业型经济的创业政策模式与结构研究》，载《外国经济与管理》2006年第 6 期。

的开展，导致几乎所有的创业开发和促进活动都在低层次进行。为此，在组织结构模式上，政府需要从宏观角度清除不利于创业的管理体制，理顺各级政府与政府内部各职能部门之间的关系，这就需要实现从传统的垂直型模式向更加适合我国国情的伞型模式转变，在政府部门中成立负责创业工作的专门机构，负责创业法规的起草、政策的颁布和实施、监督和指导创业社会团体积极开展活动等。可以借鉴美国等发达国家的做法，美国的小企业管理局(SBA)是国家创业扶持机构的核心，目前在全美设有90个区域、地区及分支办公室，以及遍布全美的资源伙伴和融资合作机构。SBA的职责包括依据《小企业法》给予创业者合法资格、提供融资支持、企业管理扶持、政府项目承包、政策倡导(为小企业代言)以及提供创业保障等。设立专门的创业管理机构，其优势不仅是能够保证创业政策制定与实施的系统性、规范性、连续性和可持续性，而且易于进行资源的调配和政策调整，使创业活动得以顺利开展。

具体到我国而言，需要明确这样一个问题：我国的大学生创业活动无疑是全民创业活动的重要组成部分，其对全民创业工作具有很强的依存性，因此，大学生创业工作体系必须纳入全民创业工作体系中。相应地，大学生创业政策体系也必须放到全民创业政策体系中来考虑。但是，大学生创业群体具有其独特性，因此，科学的大学生创业政策体系应当是以全民创业政策体系为基础载体，在该体系内建立的相对独立的大学生创业政策子体系。

在此思想指导下，根据我国政府的机构设置和体制运行特点，借鉴发达国家的经验，我们可以建立国务院直属的中小企业管理中心，全面负责管理和扶持中小企业的创立和发展。在该中心下设大学生创业管理的专门机构，统筹大学生的创业工作，其主要职能是作为最高组织机构来协调和管理大学生创业工作，组织和起草与大学生创业相关的法规，出台大学生创业的总政策并指导中央相关部委制定大学生创业的相关政策，并负责落实、监督和实施这些政策，同时负责建设和落实与大学生创业相关的服务体系和相关创业保障等。在地方层面，政府机构中设立地方中小企业管理中心，接受地方政府和国务院中小企业管理中心的双重领导，相应地，地方中小企业管理中心也要设置大学生创业管理的专门机构，落实国家大学生创业的相关政策，并指导当地大学生的创业活动。在高校层面，要建立由主管校领导牵头的大学生创业工作专职机构或中心，全方位负责大学生创业工作，有序开展大学生创新创业教育系列活动，激发大学生的创业意识，明确大学生创业素质与创业能力培养目标，科学指导大学生的创业活动，将大学生创业工作有机融入整个国家的创新创业事业中。

二、强化顶层设计，实现单元政策间的协调与统一

作为一种劳动方式，创业涉及诸多要素与环节，它不仅需要创业者自身的思维和专业技能，而且更需要良好的社会环境支持，因而创业政策也应是一种综合性的政策，涉及不同领域的政策模块。目前，国外已经形成了较为完善的创业政策理论，如基于创业过程的政策理论框架、基于创业要素建构的政策理论框架等，尽管学术界对政策框架内容有不同的争议和分类，但都认为创业政策是一个由不同模块政策构成的体系。这些理论为我们的政府部门制定科学的创业政策提供了参考范式。我们应当借助已有理论，结合我国国情，确定适合我国大学生创业的政策理论框架，并在这一框架的指导下从宏观角度加强顶层设计，处理好不同政策模块之间的关系，使之相互协调统一。

在科学理论的指导下，大学生创业政策体系还需要强化顶层设计和规划。“顶层设计”(top-down)这一概念最初是源于大型工程技术领域的一种设计理念，其内涵为：从最高端向最低端、从一般到特殊展开系统推进的设计方法。具体到社会领域，顶层设计主要是指站在较高的战略制高点上，对某项社会问题进行全方位、多因素的综合分析，从全局的角度统筹协调社会各部门之间的利益关系，从而整体性、系统性地解决社会问题。根据顶层设计理论的特征和原则要求，政府在对某一对象的发展进行设计规划时，要从发展的全局着眼，基于总体性、宏观性和战略性的视角，从其最高端开始进行设计、构想和规划。近些年来，该理论的应用范围和领域日益拓展，其成果也比比皆是。比如，美国之所以崛起成为当今世界最发达的国家，就是得益于其国家发展战略的顶层设计；1978 年以来我国经济社会飞速发展并取得巨大成就，也正是得力于党的十一届三中全会做出的以经济建设为中心、实行改革开放的科学顶层设计。顶层设计不是简单地去规划设计抽象的、空洞的结果，也不是自上而下“顶层”输入的指令式安排。它特别强调的是规划设计与实际功效的对接，强调规划设计的现实可操作性。它首先关注设计的基本元素，比如工作对象的结构性、体系性、层次性、功能性等，但更注重理论在实践中的兑现、理论对实践的指导以及理论与实践的有机融合。它是理论设计与实践落实之间的“路线指南”，具有系统性、战略性、可

操作性等特征。顶层设计不仅可以使政策体系的设计具有宏观性、战略性和前瞻性，而且可以将其下的各级政策目标和内容有机统一。

解决我国大学生创业政策体系的整体性和层次性等问题也需要顶层设计。顶层设计路径可以从两个方面着手：一是从战略性规划角度入手。建立大学生创业政策体系的根本目的是通过激励政策使更多的青年人拥有创新创业的品质和能力，激发大学生的创新动力、创造潜力和创业活力。让创新成为社会的主旋律，成为社会经济生活的常态，从而促进我国的经济升级，推动国家经济持续快速的发展，最终实现民族的伟大复兴。因此，顶层设计首先要从国家未来发展的战略高度来科学规划大学生创业政策体系。二是从政策体系的整体性、系统性规划入手。这包括纵向上从宏观、中观、微观三个层次构建大学生创业教育、创业融资、商务支持和创业环境单元政策，横向上实现单元政策之间的相互依存性和关联性，从而构建三个层次、四维一体的大学生创业政策体系。

三、构建大学生创业的法律保障体系

大学生创业活动的规范化、制度化和法制化需要以稳定、权威的法律制度为基础。因此，要制定和完善鼓励大学生创业的法律制度，作为创业政策体系实施和运行的依据和保障。我国的《就业促进法》为大学生创业活动提供了法律保障，但是由于该部法律主要是针对大学生就业问题，对创业问题的法律规定过于笼统、抽象，因此可操作性不强。相比之下，由行政部门颁发的一系列创业的政策在实践中发挥着主导作用。但从法律效力的角度看，行政部门的政策法律效力相对较低，且往往因时因情而变，缺乏稳定性和权威性。因此，必须在现行法律和实践经验的基础上出台相关法律，将相应的创业优惠和保障政策用法律的形式确定下来，使相关部门在执行创业政策时有法可依，同时也可在很大程度上提高大学生创业的信心。

在美国、英国、日本、韩国等发达国家，促进毕业生创业作为一项重要的工作已被纳入社会群体创业的法制化轨道。美国政府于 1953 年制定了《小企业法》和《小企业融资法》。为了加强就业、创业培训，美国从 60 年代开始颁布了一系列重要法律。1962 年颁布了《人力开发与培训法》，主要是针对失业人员和就业不足的劳动力，目的是提高他们的工作技能，促进其就业；1963 年颁布了关于职业教育方面的法律，重新确立了美国职业教育的目标和教育范围，有力地推动了职业教育的改革和发展；随后又颁布了《平

等就业法》、《青年就业与示范教育计划法》等。1993 年的《就业培训合作法》使得全社会开始重视、支持创业教育，该部法律对合作职业教育和培训应达到的目标作出了明确规定。2008 年金融危机以来，美国资本市场出现了较大的变化，现有的监管政策越来越不适应小企业的融资需求。2012 年初，美国通过了《创业企业融资法》，通过放宽金融监管要求来鼓励美国小微企业融资，扶植企业成长并创造就业机会。在日本，政府特别重视对中小企业的扶持，出台了一系列法律作为保障，比如《中小企业基本法》、《中小企业创造活动促进法》、《中小企业现代化促进法》等等。1998 年，日本制定了《大学技术转移促进法》，扩大了高等学校等学术机构的技术转移自主权。这样一来，高校就能够通过灵活的形式来参与创业，比如将高校科研成果以技术转移的形式参与创业，或者高校直接兴办企业，实现将高校的学术成果向生产力的转化。在韩国，经过了 50 多年的发展，已经形成了比较完备的支持中小企业发展的法律法规体系。以 1965 年制定的《中小企业基本法》和 1978 年出台的《中小企业振兴法》为基础，韩国政府通过多样化的法规促进中小企业的发展，比如《中小企业创业支援法》、《中小企业系列化促进法》、《中小企业技术革新促进法》、《中小企业人力支援特别法》、《有关中小企业结构经营安全及结构调整的特别措施法》等，这些法律法规相互补充，为中小企业的发展提供了坚强有力的法律保障。总结美、英、日、韩等发达国家的经验，可以发现，走法制化的道路是促进大学生创业发展的必然趋势。

保障大学生创业的法律制度内容涉及多个方面，一般来说至少应包含以下五个方面：(1)促进大学生创业的专门法律。比如，可以制定一部《高等学校毕业生创业促进法》，其内容应明确促进大学生创业的目标定位，在促进大学生创业中政府部门、高校、劳动服务组织以及大学生等各主体的权利和义务，中央部委与地方行政部门在促进大学生创业中各自的任务与职责以及监督检查与责任追究等相关法律规定。(2)促进大学生创业的行政法规，包括国务院根据宪法、法律的规定制定颁行的规范性文件，地方政府根据当地情况制定并通过的法律性文件。(3)其他促进大学生创业的法律，包括创业教育、创业培训、创业融资等方面的法律，将支持大学生创业的优惠政策法律化。如在创业融资政策法律制度中明确大学生创业小额担保贷款法律关系主体的权利和义务，在大学生创业财税法律制度中明确可以在企业所得税税前扣除的项目，等等。(4)修改《中小企业促进法》等相关法律。

由于资金、技术、项目、经验等方面的限制，大学生在创业时往往以选择中小企业为主。中小企业政策与大学生创业政策虽然共同作用于创业过程的不同阶段，但二者存在交叉，联系紧密。从创业过程阶段看，从创建企业到创业后42个月这一阶段是两者共同关注的焦点，都对企业发挥作用。我国的《中小企业促进法》是2003年开始施行的，至今已经有12年时间，这12年正是大学生创业活动和创业政策兴起和发展的时期，目前来看，《中小企业促进法》中有些规定与现行的创业政策已经不相匹配，需要考虑进行修订以更好地促进大学生创业。(5)与促进大学生创业相配套的法律制度。比如与大学生创业密切相关的高校管理体制改革、国家为大学生创业提供的社会保障、大学生创业权益救济以及其他配套法律制度。

第二节　微观层次的大学生创业政策体系完善策略

大学生创业政策体系的完善，不仅需要从宏观体系的角度着手，而且还需要从微观的政策单元视角加以完善，从创业政策导向着力，从而加强创业政策的针对性，以提高创业政策的科学性与实效性。

一、大学生创业教育政策的应然趋向

国家经济的发展需要创新，创新是一场革命。创新是创业的本质，创新在某种程度上依赖于创业者。习近平讲："创新驱动实质上是人才驱动。"①而创业者必须具备的创业素质和过硬的创业能力需要通过创业教育来获得。就我国目前的创业教育现状而言，更新和改进原有教育理念和教育模式，以国际化的视野完善创业教育政策，从而有力地推动创业教育的发展，对于实现全民创业、万众创新的"新常态"有着更为重要的战略意义。

1. 基于创业教育之本质定位创业教育政策目标

创业教育最早兴起于19世纪50年代的美国，最初是为了解决就业问题的"功利性"目的被提出来的。当时的创业教育以岗位职业培训为主要内容，"企图通过鼓励大学生当老板来开辟就业的第二战场，在价值取向上带

---

① 《习近平：加快实施创新驱动发展战略》，中新网，http://www.chinanews.com/cj/2014/08-19/6505636.shtml。

有明显的功利性”[①]。但经过一段时间的实践，事实证明这种“功利性”的创业教育无法从根本上解决就业问题。于是一些高校教育者经过不断的否定、博弈、改进和完善，逐渐捕捉到了创业教育应有的科学内涵和一般规律，即创业教育需要注重对受教育者创业素质的培养，使其拥有创业意识、创业精神，获得创业所需的个性心理品质和创业能力，以适应不断变化的社会环境，满足社会变革的需要。

当前，我国的创业教育仍然还处于功利性的阶段，政策目标不明确。不可否认，大学生自主创业能够在较大程度上解决大学生的就业问题，但是大学生创业绝对不能以“解决就业”为最终目标。马克思主义关于人的全面发展的理论认为，人的全面发展包括人的能力的全面提升和人的个性的充分发展，也就是说人能够进行自由的生命活动和自觉的创造活动。人的全面发展是社会主义本质的内在要求及其所追求的重要目标。人的全面发展同时也是创业教育的发展目标，可以说，创业教育的本质是使人的能力获得最大程度的提升与展现。在大学生创业教育的问题上，当务之急是要让创业教育回归教育的本质，只有这样，高校创业教育才能有符合教育教学规律的定位，才能挣脱“毕业生为就业而创业”的思维，按照教育固有的规律去实现教育的理想。因此，应根据社会发展需要和人的发展需要来综合确定创业教育政策的目标。

首先，一个重要的目标就是要在教育领域构建起新的创业教育理念。我们知道，教育理念是教育主体在教育实践中形成的对于教育的理性认识和哲学观点，它体现的是教育主体的价值取向与理想追求，“具有明确的指向性、相对的稳定性和传承性等特征”[②]。教育的发展史告诉我们，教育理念的创新是教育改革与发展的先导。因此，大学生创业教育政策的首要任务是要转变当前以解决就业问题为导向的教育观念，使教育的实施者和接受者树立起创业教育的育人理念。与此同时，也要转变传统的就业观念，这是因为，我国目前实行的是“双向选择，自主择业”的高校毕业生就业政策，但是多数学生选择先就业后择业，并且多倾向于到机关事业单位或大型国企就业。这就造成多数学生在读期间并不重视创业教育，更不会主动地获

① 邓汉慧、刘帆、赵纹纹：《美国创业教育的兴起发展与挑战》，载《中国青年研究》2007年第9期。

② 初青松：《我国高校创业教育存在的问题及对策》，载《高等农业教育》2013年第10期。

取创业所需的专业知识和实践能力。因此，在注重培养学生的创业意识的同时，要努力转变传统的就业观念，用新的创业教育理念指导学生，使其形成勇于创新和开拓进取的新观念。其次，要对创业教育的目标和功能准确定位。明确创业教育在高等教育中的学科地位，将创业教育纳入高校核心教学体系，将创新人才培养与学科建设紧密结合。引导各高校从本校的学科特点和学生实际出发，根据社会发展的变化，制定适合自身的创业教育目标，构建培养创业能力和创业综合素质的创业教育模式。

2. 加大政策力度发展“全覆盖”的创业教育

较早进行创业教育的欧美及亚洲发达国家，基本都已经形成了完备且具成效的创业教育体系，实现创业教育在教育阶段的“全覆盖”。在日本，从小学开始就对学生进行创业意识的教育，如有的学校通过手工制作、理财教育等形式让学生萌发对创业的认识；在中学教育阶段，通过创业课程和创业实践使学生进行创业体验，强化对学生创业能力的培养；在大学教育阶段，构建了一个课程、实践、实习的全面体系，并注重与中学、小学之间的校际合作，与社会企业的合作，逐渐形成了具有广泛性的、层次清晰的创业教育模式。在美国，通过八项创业教育计划构建了一个完整的创业教育体系，并将创业教育过程划分为五个阶段：(1)基础阶段。主要培养小学、初中、高中学生的学习动机和个人机会意识，要求必须给予他们体验企业所有权各方面的机会，获得必需的基本技能。(2)能力意识阶段。学生学习商业领域的特殊“语言”，学习从小企业的视角看问题。(3)创造性应用阶段。主要是高中和大学阶段的学生，通过实际的创业体验，了解如何才能成为一名创业者。(4)创业阶段。一些大学通过提供创业教育项目帮助学生实现创业。(5)发展阶段。创业过程中难免会遇到困难和问题，一些社区学院和大学可以为寻求帮助的创业者提供支持，使他们能够有效地解决企业存在的问题。这样一个连贯的创业教育体系，很容易使学生的创业意识和创业能力得到自然的形成和提高，并且具有较高的创业素质。

当前我国需要通过制定创业教育政策，逐步实现“全覆盖”的创业教育，即贯穿于小学、中学、大学各个层次的创业教育，形成从小学到大学的创业教育连贯体系。在不同的教育阶段，应确立不同的培养目标和课程内容。比如在中小学教育阶段，以启迪学生的创业意识、培养创业精神、普及创业基础知识为主；在高等教育阶段，以使学生掌握创业机会识别、市场拓展方法，培养创业个性心理品质和创业能力为主。通过不同阶段、不同形式和内容的创业教育，使学生想创业、会创业、能创业，避免创业技能与创业意识之间的不协调，为学生将来走向创业奠定坚实的基础。

就目前高校的创业教育来看，短时间内可以从将创业教育覆盖各级各类在校大学生开始，使那些具有创业意愿和潜在意愿的大学生能够得到优良的创业教育，获得创业所需的知识、技能和创业实践的机会。政府应通过加大政策力度，从政策上鼓励、支持、规范高校创业教育，推动高校进行创业教育课程体系的改革，构建差异化的创业人才培养模式，通过强化政策导向鼓励高校与地方政府、企业、商业组织广泛联系，拓展创业实践平台和创业孵化基地建设，为大学生创业教育和创办企业提供支持。

二、大学生创业融资政策的多元举措

1. 建立健全大学生创业信用担保体系，破解贷款难题

资金问题是大学生创业的关键问题，融资渠道匮乏造成融资困难，制约着创业的发展。当下没有完善的创业信用担保体系是大学生创业发展遇阻的主要原因。银行作为商业金融机构，其追求利益回报的同时，也要考虑资金的安全问题。因此，银行“慎贷”和“惜贷”的行为也是可以理解的理性选择。由政府主导建立大学生创业信用担保体系是解决这一问题最快捷、最有效的办法。建议将我国中小企业信用担保体系延伸到大学生创业群体，借鉴国外经验，考虑到大学生创业的特点，建立由政府出资的大学生创业信用担保体系。

我国的中小企业信用担保体系始建于20世纪90年代，经过近20年的发展，目前已经形成了较为完善和规范的“一体两翼四层”的中小企业信用担保体系模式，为中小企业解决融资困难发挥了重要的作用。“一体”指的是这一模式的主体，强调“资金多元化，运作市场化，管理企业化，扶持绩优者”；“两翼”是指两个担保机构，即企业互助性担保机构和商业性担保机构，作为政策性担保机构的必要补充；“四层”是指国家、省、市、县在四个层面给予的四级担保机构。目前，中小企业信用担保的实践模式大体可划分为以下三种：由政府出资建立的政策性信用担保、中小企业之间互助性的信用担保和商业性信用担保。其中，政策性信用担保是核心主体，占全部担保机构数量的90%。从发达国家中小企业信用担保体系建设的实践来看，大多都是由政府主导建设并且主要把担保机构资本金和补充金的来源定位在政府财政。这与我国的情况是一致的。就大学生创业企业来看，由于企业互助

性担保模式和商业性担保模式存在抗风险能力不足、担保费率高等弊端，现阶段不具适用性。而政策性信用担保是政府政策性非营利机构间接支持中小企业融资的担保模式，具有资金来源稳定、抗风险能力强、信用度高以及费用低等特点，因而更为适合大学生创业企业。建议将大学生创业信用担保纳入中小企业政策性信用担保体系中，并针对大学生创业企业的特点设计申请条件、担保条件、运作方式等，并以法律的形式进行规范。

2. 发挥市场的决定性作用，"配投"政策性基金，支持大学生创业

十八届三中全会决议提出要充分发挥市场的决定性作用。体现在支持创业活动的金融政策中，就是要强调商业化的运作流程和机制。这是因为，在商业利益最大化原则下得出的项目评价、项目支持以及项目退出更加符合市场要求，从而保证支持政策能够延续。① 为此，一个可行的途径是将政策性基金的运作与风险投资结合起来，采用"配投"的资金运作方式实现对大学生创业融资的支持，改变过去政策性创业基金的运作模式。所谓"配投"，就是对获得风险投资的大学生创业企业，政府根据风险投资的额度以一定的比例进行配额注入资金。这是因为，风险投资是"利益共享，风险共担"的一种投资方式，其看重的是所投公司未来的高回报，因而在对项目评估时不仅是看重企业的成活能力，更看重企业的成长能力。所以，通常情况下，能够获得风险投资的创业者，表明其创业项目的质量、运营前景和预期收益都得到了一定程度的认可。不仅如此，在企业的运行过程中，风险投资还会帮助他们所投资的公司进行经营管理，带给他们诸如战略决策的制定、技术评估、市场分析、风险及回收的评估等资源，这些行为可以极大地提高新办企业的成功率。由此可见，政府有必要将有限的资金集中到这些优秀的、最具有潜在成功可能的创业者身上，避免"撒芝麻盐"的情况。同时，也可以避免以往创业基金由专家评审而偏离市场环境的弊端。另一方面，政府资金配投的做法还能够起到引导社会资金投向大学生创业企业的作用，形成在政策性基金支持的引导下创业者筹集金融资源放大的效应，从而以较少的公共资金投入获取较大的社会经济效益。②

---

① 参见林嵩《大学生创业政策：现状评析与制度设计》，载《现代管理科学》2010 年第 2 期。

② 参见胡希《创业公共政策研究——基于激励创业者进入的视角》，暨南大学博士学位论文，2008 年。

3. 强化政策导向，拓展创业融资渠道

在欧美等创业发展较为发达的国家，风险投资成为大学生创业的一项主要融资手段。如上所述，风险投资寻找和发掘的是那些具有高风险、高潜在收益的项目，而大学生创业市场是一个既富有创意又相对廉价的投资对象。一项针对有创业意向大学生的调查，33%的人选择会吸引风险投资①，这说明大学生创业与风险投资有着强烈的相互需求。从许多国家推进创业活动的公共政策实践来看，风险投资产业对创业活动的作用巨大，因而我国在支持大学生创业活动的政策选择中，也应当重视创业风险投资产业的发展，以利于解决大学生创业的融资难题。政府可以通过建立健全与风险投资相关的法律制度以优化风险投资企业的发展环境，通过制定税收优惠等相关政策鼓励风险投资企业的发展。当然，这些措施的关键是通过这些政策对创业风险投资行为加以引导，使其投资行为更加契合国家的创业、创新目标，以此形成国家政策与民间资本的双重合力。②

三、大学生创业商务支持政策的税收导向

在现代市场经济条件下，财税政策是国家调节经济运行、实现国家宏观经济目标的重要工具。税收调节作用主要通过税率的确定、税负分配(包括税负转嫁)、税种选择、税收优惠和税收惩罚等方式体现出来。

1. 扩大大学生创业企业的税收优惠范围，加大优惠力度

第一，增加税收优惠的税种。就税种而言，目前我国有增值税、消费税、营业税、企业所得税、个人所得税等 19 个税种。大学生创业初期属于投入阶段，盈利较少，对收益性税种的优惠政策能享受到的实际优惠不多，国家应该将税收优惠的范围适当扩大到流转税，如营业税和增值税。因为与企业所得税等收益税相比，增值税主要是在商品流通环节征收，贯穿于新创企业发展的各个环节，对企业的税赋产生重要影响。这对于切实减轻大学生创业负担会有更加明显的效果。

第二，延长税收优惠期限。大学生在创业初期盈利相对较少，刚开始盈利国家的各项优惠就到期，随之而来的是沉重的税赋。延长税收优惠期限，

① 参见敖山《大学生创业与风险投资调查分析——以北京地区大学生调查样本为例》，载《教育学术月刊》2011 年第 9 期。

② 参见房汉廷《中国创业风险投资发展中的七大问题》，载《中国科技论坛》2007 年第 4 期。

有利于新创企业的资本积累，为新创企业的发展赢取时间。延长税收优惠政策的期限，虽然短期内会导致财政收入减少，但从长远看有利于为国家培植新的税源，扩大税基。

第三，加大税收优惠力度。大学生创业企业大多是中小企业，当前企业所得税的征收方式一般分两种：查账征收和查定征收。对于中小企业尤其是小微企业，由于企业本身规模就比较小，财务核算机制相对而言并不健全，有些地方的税务部门就采用查定征收的方式核定企业所得税，这种查定征收的方式由于不管是否获利都要缴纳企业所得税，因而增加了新办企业的负担和发展的难度。国家若要鼓励大学生自主创业，不妨改变对大学生创办的中小企业所得税的征收方式，譬如学习和借鉴法国实行的实际征收制、简化征收制和承包制三种不同的税收征收方式。或实行免征一定期限的企业所得税政策，加大对创业的激励。在一些财政实力比较雄厚的地方，对大学生创业实行"裸税"也是可行的[①]，即对在校生和毕业一定年限内创业并依法进行登记注册的，免费办理各种证件，并免征所有税收两年。

2. 增加税收的优惠形式

税收优惠包括税额式减免、税率式减免和税基式减免。税额式减免表现为政府对企业最终经营成果的减免税，强调的是事后的利益让渡。税率式减免，即通过直接降低税率从而达到减税免税的目的。而税基式减免是通过直接缩小计税依据的方式实现的减税免税，它强调的是事前的调整，通过采用投资抵免、固定资产加速折旧、盈亏互抵、技术开发费用税前列支等措施来调低税基。

许多国家为鼓励创业都采取了一系列的税收优惠政策。在美国，税收优惠政策既有税率式减免，也有税额式减免。如 1997 年通过的《1997 年纳税人免税法》规定，在 10 年内为小企业逐步提供几十亿美元的税额减免，同时采取税基式减免方式。如投资抵免，规定凡购买新的设备，若法定使用年限在 5 年以上的，其购入价格的 10%可直接抵扣当年的应付税款；若法定使用年限为 3 年者，抵免额为购入价格的 6%。日本在税收政策方面，也通过降低税率、加速折旧、税收减免、鼓励科技开发等形式对中小企业进行扶持。

我国的大学生创业税收优惠政策，在减税形式上实行的主要是直接减

---

① 参见郭德侠、楚江亭《我国大学生创业政策评析》，载《教育发展研究》2013 年第 7 期。

免企业所得税的税额式减免，应当增加税基式减免。如对大学生创办的企业，在其应纳税所得额的税基上扣除其员工的培训费用，对科技创新型企业允许其采用加速折旧的方式降低税基等，以降低企业的成本。

3. 增强税收优惠政策的激励作用

税收的调节作用是指通过变动税率、税基或设置差别税率、特定的税种和优惠措施来影响居民和企业的经济行为。如上文所述，各国的创业风险投资产业在支持创业活动的过程中都发挥了巨大的作用。与发达国家相比，我国的创业投资产业发展起步晚、规模小、机制落后，其规模和投资能力远远不能满足创业者对于创业资本的需求。因而，在国家推进创业活动的公共政策选择中，应当对投资于大学生创业的风险投资企业实施税收优惠政策。这样的选择一方面直接体现了国家对创新创业行为的投资激励，可以较好地引导创业风险投资的投资行为；另一方面，这种激励也有利于调动全社会资本对创业风险投资活动的参与。① 可采取的具体优惠政策，一是对创业投资企业投资行为增加减免的税种。目前国家政策中的优惠内容还很少，仅体现在企业所得税的优惠政策上，财政部和国家税务总局《关于促进创业投资企业发展有关税收政策的通知》中指出，符合条件的创业投资企业"可按其对中小高新技术企业投资额的70%抵扣该创业投资企业的应纳税所得额"。这与国外很多国家对创业投资企业给予的免税政策还是有一定的差距。在韩国，对于创业投资企业，减免的税种数量和减免比例或者额度都非常惊人，比如国家税、所得税和法人税两年内减免50%，而地方税、取得税和注册税则是两年内全免。再如延长企业抵扣期限的年限规定，这有利于鼓励长期投资，等等。二是出台个人投资者从事创业投资税收优惠政策。目前国家的各类税法中都没有规定个人投资者从事创业投资的税收优惠条款，《个人所得税法》也不例外，因此有必要出台个人投资者从事创业投资的税收优惠政策，如对个人投资者的个人所得税给予优惠，对创业投资损失给予抵减个人所得税税款等。② 此外，对金融行业也可以考虑加大激励政策，如对发放贷款给大学生的银行给予税收减免政策，从而降低其贷款成本。这些措施不仅可以促进我国大学生创业的发展，同时还可以优化我国的投资结构。

---

① 参见房汉廷《中国创业风险投资发展中的七大问题》，载《中国科技论坛》2007年第4期。

② 参见蒋蓉《完善我国创业投资税收优惠政策的思考》，载《中国经贸导刊》2011年第17期。

四、大学生创业环境政策的软性驱动

要使创业活动能够持续开展，必须激发起创业者内在的动力与活力。创业环境，尤其是创业文化环境对创业者的创业意愿、创业动机和成功创业具有重要的影响。大量事实表明，在那些创业文化深厚、创业氛围浓郁的地区，其创业活动会有更强的自发性和活跃性。如美国硅谷，其浓厚的创业氛围造就了创新冒险、追求成功的硅谷精神；再如中国的温州，其创业意识已经深植于民间，形成了一种文化积淀。因此，在促进大学生创业的硬环境建设的同时，更应进一步强化创业软环境建设，大力培育创业文化，营造创业氛围，深化服务内容，提升服务水平，让人类社会在发展生产力、创造财富的同时，也能实现个人的人生价值。

1. 强化激励型的软环境建设，营造创业型社会文化氛围

创业文化的建设并非一朝一夕之事，尤其是在中国。中国根深蒂固的从业文化中追求安逸的社会心理造就了一种与创业文化格格不入的社会环境，而创业文化的发展即是一场新的思想解放运动，它将使人们的观念由保守转向开放，由依赖转向创新和独立自主，并带来市场经济多样化的思维方式。所以说，创业文化环境的改善必是一项长期的、复杂的系统工程，需要政府、高校和社会等主体的共同参与，政府引导创业文化的构建，高校进行创业文化的培育，社会营造创业文化的支持氛围，构建三位一体的创业环境建设体系。第一，政府要发挥主导性和示范性的作用，通过政策引导和制度创新，综合利用广播电视、报刊和网络等多种媒介，解读创业政策，发布创业信息，提高大众对创业的认识；宣传鼓励创业，大力表彰和宣传创业典型，提高大众对创业的认同，营造良好的社会舆论，培育全社会崇尚创新、鼓励创业、宽容失败的文化氛围，激发更多的大学生选择创业、敢于创业。第二，高校要承担起创业文化的培育任务，积极对大学生进行创业文化和创业素质的教育。众所周知，美国经济持续发展的一个重要因素就是根植于其民族精神中的创业文化，而创业文化的营造在很大程度上依赖于其正规的创业教育。目前，创业教育和管理落后严重制约着我国创业文化的建设和发展，高校应当将创业文化教育作为创业教育的重要内容，更新大学生创业观念，帮助他们树立全面的创业观。第三，在社会层面，借助社会各种力量开展与创业相关的知识培训、技能培训等服务活动，使所有拥有创业意愿的劳动者都能便捷地获得有关创业方面的专业指导，在整个社会营造出一种尊重创

业、鼓励创业、乐于创业、勇于创业的文化氛围和社会风气，从而形成崇尚创新创业的民族风尚和价值体系。

2. 加快建立健全社会信用体系，营造公平诚信的创业环境

社会信用体系是对企业、个人和政府在内的各种社会主体在经济活动中必须普遍遵守的信用制度安排，以及与之相应的一系列保障措施，包括与信用信息的征集、披露、使用有关的一系列法律法规、制度规范、组织机构、监管体制、技术手段、交易工具等。当前，社会信用资源匮乏、社会信用缺失的现状已严重阻碍了我国社会主义市场经济的健康发展。建立社会信用体系有利于建设新的信用文化，完善社会主义市场经济体制，加强和创新社会治理方式。2014 年 6 月，国务院印发了《社会信用体系建设规划纲要(2014～2020 年)》(国发[2014]21 号)，国家信用体系建设框架也即将公布。各级政府应当以此为契机，在国家政策的指导下尽快制定实施细则，切实落实各项措施。调动各方力量，构建起覆盖全社会的征信系统，建立信用制度体系、信用服务体系，建立失信约束和惩罚机制，健全信用监管体制，形成守信光荣、失信可耻的社会环境，为大学生自主创业营造诚信经营、公平竞争的良好市场环境，从而促进大学生创业活动朝着健康的方向发展。

3. 发挥政府的协调功能，优化创业公共服务环境

政府应发挥协调功能，积极调动社会各主体的力量，最大限度地集中资源为大学生创业服务。第一，搭建大学生创业服务平台，提升创业服务的水平。政府应努力建设服务功能完善、服务行为规范、服务运转高效的大学生创业服务平台，在创新创业的不同阶段提供专业化、国际化、标准化的服务。我们可以借鉴发达国家的经验，建立服务大学生创业的“一站式”创业服务平台——成立大学生自主创业服务中心，为大学生提供创业项目展示、项目洽谈评估、工商税务登记、小额贷款申请以及法律援助等“一站式”服务。第二，建立更加广泛的信息服务平台。发挥政府的信息资源优势，各地方建立创业信息发布平台，向社会开放包括政策、技术、市场信息在内的各种信息，推进信息资源共享，使大学毕业生及时有效地获取信息服务，使信息平台真正成为大学生创业的“好帮手”。第三，完善社会保障制度，为大学生创业者解除后顾之忧。比如将大学生创业者纳入失业保障管理体系，建立失业保险基金，以财政拨款与大学生个人交纳的形式共同筹集资金。这样一旦创业失败，创业者可以领取失业保险金以维持日常生活，使之能够顺利地进行再创业或就业。另外要完善养老保险和医疗保险制度，将大学生创业者纳

入其中，享受养老保险和医疗保险保障。第四，要加快发展中介机构，完善社会服务体系。拥有成熟的市场化运营的创业中介服务体系是发达国家的一条重要经验。由于我国大学生创业实践的历史较短，现阶段对大学生创业的扶持还只能以政府为主导，社会中介服务体系很不健全，难以对大学生创业形成有效的支持。随着各方面条件的不断成熟，我国应当借鉴其他国家的经验，按市场规则运行，充分利用社会中介机构，让他们成为扶持大学生创业的主体，为创业者提供专业咨询、信用担保、项目评估、技能培训等多种支持，政府则主要做好相应的服务和监管工作。为此，政府一方面要通过相关政策引导和扶持中介机构的发展，另一方面要通过立法和制度安排，建立完善的中介机构市场运行机制，使之规范、有序地运行，从而促进大学生乃至整个社会创业的健康、快速发展。

第三节　大学生创业政策有效实施的思路与对策

我国大学生创业政策体系的逐步完善，不仅需要在宏观政策体系和微观单元政策层面予以推进，在政策的实施方面也需要建立和完善相关机制，保障支持大学生创业的优惠政策能够发挥其政策效能，从而顺利实现政策既定目标。

一、加强大学生创业政策宣传

政策的受众对象了解、认同甚至信任政策是政策实施的前提。由于我国的大学生创业政策仅有十几年的历史，还处于初始阶段，加之新闻媒体等各种渠道没有发挥应有的宣传作用，整个社会对大学生创业行为的了解不多、认可不够，许多高校毕业生对创业政策不了解、不会用，影响了政策施行的实效。为此，首先应加强大学生创业政策的宣传。

第一，新闻媒体要把创业政策宣传做到位。新闻媒体由于其快速、直观、传播范围广等特点具有独特的宣传优势，应当积极宣传鼓励创业的各项政策，大力表彰和宣传创业典型，传播创业“正能量”。例如，经常性地播放或刊登对创业成功大学生的专访，系列报道各地大学生的创业活动等，引导社会对创业行为的关注。通过创业政策的宣传，提高大众对创业的认同，扩大创业政策的影响，引导大学生从事创业活动，营造良好的社会舆论氛围。

第二，政府网站要重视创业政策的宣传。政府网站是创业政策发布的主阵地，同时因其具有权威性、方便查阅等特点，也应该成为创业政策宣传的主阵地。各级政府应加强门户网站的建设，为大学生的创业活动设立专版，对各项大学生创业政策进行详细、准确的解读，发挥政策解读作用；利用网络互动交流平台，发挥互联网汇聚民智、了解民情的作用。例如，政策制定者可以做客网络平台，对大学生创业政策进行解读，通过与大学生进行网上交流，听取各界网民的意见和建议，及时发现问题并予以解决。

第三，高校应加强创业政策宣传。大学生在校期间对创业政策的了解程度也会影响其创业的选择，为了让大学生在学期间就能对创业政策有初步的了解，高校应在进行创业教育的过程中做好创业政策的宣传工作。学校可以利用校园广播、宣传栏和新媒体（如微信推送）等大学生易于接受的方式进行创业政策的宣传和普及，也可以邀请专业人士为大学生进行创业政策的咨询，从而加深大学生对创业政策的理解，培育大学生的创业理念，提升大学生的创业能力。

二、完善大学生创业政策执行的监督机制

根据公共选择理论中的“经济人”假设，在政策执行过程中，公共政策执行主体会自发地追求自身利益的最大化。这一假设引申出来的含义就是，若要公共政策能够符合公共利益最大化的原则，就必须建立能约束和监督政策执行主体的有效机制，否则，政策就有可能会偏离公共利益的轨道。大量的实践证明，仅仅依赖当事人的思想觉悟和道德约束，是难以获得理想的政策运行效果的。我国大学生创业政策体系在实施过程中出现的问题，一个重要的原因就是监督乏力。

政策执行监督，是指政策监控主体为了保证政策的有效执行，对政策执行主体的执行行为进行监督，并对执行结果进行评估的过程。政策执行监督机制，是指由构成监督系统的监督主体、客体、内容、程序、手段等要素之间相互依存、相互制约而形成的运行过程和方式。为完善我国大学生创业政策体系执行监督机制，需要从监督主客体、监督内容、监督程序和手段等几个方面着手，使整个系统协同作用，共同致力于大学生创业政策执行监督功能的发挥。

第一，要强化执行监督主体内部机构的监督职能。大学生创业政策的执行监督主体主要包括政策制定主体内部的专门监督机构、其他政府机关、执政党、社会舆论以及社会大众等。其中，政策制定主体的内部监督机构承

担着日常监督的职责，应当通过强化其监督职能，明确监督责任，细化监督内容，将政策执行监督真正落到实处，并形成制度化的监督机制，避免采取突击检查，一阵风的监督方式。

第二，要加强社会舆论和大众参与的监督。政策执行具有社会性、广泛性、经常性的特点，大学生创业政策落实的如何，执行主体对政策的把握和执行情况如何，作为政策对象的大学生最有发言权，应通过建立社会监督网络，鼓励公众参与监督。监督的关键是政务公开，信息共享，应加强政府信息网络互动平台的建设，建立信息反馈机制。

第三，要科学设计监督的内容、程序和手段。通过设计创业政策执行监督测评指标体系，落实对创业政策执行效果的监督。监督测评指标的设定和监测方法、手段要力求科学，即监测的内容、标准、手段要力求客观、全面。大学生创业政策是一个体系，各单元政策之间存在着有机的互动关系。因此，政策执行监督测评指标的设计不仅要体现对本领域政策执行效果的评价，还要考虑到与之互动的相关领域的内容指标，这样的评价才是科学的、全面的。同时，这样做还可以发挥监督评价的导向作用，促进各领域政策的相互配合。

第四，加大对政策执行主体错误行为的惩罚力度。现代管理制度的要求之一就是责权的统一，为避免政策执行主体滥用、乱用政策，忽视公众利益，只重局部利益，最终影响政策的有效执行的行为，必须建立健全责任追究制度，对那些“上有政策，下有对策”的政策执行主体的错误行为予以严厉的惩罚。同时，通过采取奖惩分明的措施，激励广大政策执行主体的积极性和主动性，促进大学生创业政策执行的高效和公平。由此可以推断，创业政策执行监督机制的建立，不仅可以约束政策执行主体的行为，从某种程度上也能够起到推动政策执行者提升自身政策水平和执行能力的作用。

三、建立大学生创业政策体系的评估机制

为了卓有成效地实施大学生创业政策，有必要建立创业政策体系的评估机制。所谓评估，就是依据一定的价值标准和事实标准，通过一定的程序和步骤，对政策实施中的价值因素和事实因素进行分析，其目的是利用这些信息，对政策结果和政策未来走向作出判断，以改善政策系统，提高政策决策质量。

对我国大学生创业政策实施评估，可以不断修正和完善实践中的创业

政策，使创业政策真正为创业者所需，更好地促进大学生创业的发展，形成良性循环。在建立创业政策体系评估机制过程中，要对评估主体、评估标准、评估方法、评估模式等进行专门的研究。例如，可以建立多元化的政策评估主体，既有内部评估者（即政策主体），也有外部评估者（即政策主体之外的官方与非官方组织或个人），避免因评估者的立场或角度的不同，造成政策评估有失客观和公正，如过去一些被官方评估为非常成功的政策，在很多人看来是失败的，这多是此种原因造成的。对评估标准的设定也是政策评估的关键因素，因为“政策评估在本质上是寻求、证明和确定政策价值的过程。评估价值标准的选择、排序和组合将直接影响评估的结论及其合理性和可靠性”[①]。学术界关于政策评估提出多种标准，如鲍斯特（T. H. Poister）提出政策评估的七项标准：效能、效率、充分性、适当性、公平性、反应性和执行能力。[②] 威廉·邓恩（William N. Dunn）则将评估标准分为六类：效果、效率、充足性、公平性、回应性、适宜性。[③] 国内学者对此也做了大量的研究。这些都为我国大学生创业政策体系的评估标准的设定提供了参考范式。

此外，要建立大学生创业政策评估制度，定期对既有政策的运行效果进行评估，这样就可以较早地发现已有政策的成效与问题，从而废除那些难以执行的政策措施，并对即将出台的新政策和举措进行充分论证，提出修订意见和建议，以保证新政策的科学性、系统性、针对性和实效性。

本章小结

要解决我国大学生创业政策体系在构建和实施过程中存在的诸多问题，首先需要从宏观政策体系和微观单元政策两个层面进行设计和完善。在宏观层面，为解决创业政策碎片化和体系断层的问题，政府机构需要着眼于国家创新发展的需要，从创业作为推进经济发展原动力的视角，通过整合现有政策制定主体，重构大学生创业政策制定与实施的组织结构；通过强化

① 张国庆：《现代公共政策导论》，北京大学出版社 1997 年版，第 193～194 页。

② T. H. Poister, *Public Program Analysis: Applied Methods*, Baltimore: University Park Press, 1978, p. 9.

③ 参见[美]威廉·N·邓恩《公共政策分析导论》，谢明、伏燕、朱雪宁译，中国人民大学出版社 2002 年版，第 334 页。

顶层设计，构建既统一又相互协调的大学生创业政策体系。对于微观视角下创业单元政策的完善需要基于两个原则：一方面需要考虑某一具体政策与单元内各政策间的互动关系，使各政策能够协同作用，发挥政策子体系的整体效应；另一方面还要考虑该政策与其他单元政策间是否存在互动关系，从而基于大学生创业政策体系的完整统一与有机互动性对政策进行完善。除此之外，要通过政策执行监督与评估机制的构建，保障大学生创业政策的有效实施，从而从宏观和战略的视角推进我国大学生创业政策体系的进一步完善。

结语

大学生是最具创新、创业潜力的群体之一，大学生创业活动对技术创新、生产力提高、国民经济增长、促进就业以及实现自身人生价值都具有极其重要的意义。政府在扶持创业方面制定的相关政策能够切实有效地引导、鼓励和支持高校毕业生积极开展创业活动，提高大学生创业成功率，有力助推大学生创业行为的产生。但是由于我国的创业活动起步较晚，创业政策的实践较短，大学生创业政策体系还存在诸多问题。本书采用公共政策分析的方法，对我国大学生创业政策体系的缘起和演进、体系内容与结构特征、体系问题与成因等进行深入分析，并对大学生创业政策体系的完善对策与路径提出建议。

一、研究的主要结论

1. 我国大学生创业政策体系已基本建成。我国的大学生创业政策缘起于 20 世纪 90 年代末，经过 20 多年的发展，我国的大学生创业政策体系经历了探索、初建、基本建立、完善和发展四个阶段，从无到有，从不完善到逐步完善。具体表现在：从政策制定的主体看，已从一开始的教育部单一政府部门发展为国务院宏观指导下的教育部、财政部、人社部等多部门联合制定和发布政策，政策制定主体日益多元化；从政策涉及的领域看，从最初的创业教育领域逐步扩展至与创业相关的创业教育培训、财政支持、融资渠道拓宽、社会环境改善等相关领域，创业政策已涵盖创业过程的各个环节；从创业政策体系的实施成效看，创业政策体系的实施已逐步改变了大学生的就业观念，一定程度上缓解了他们的就业压力，大学生创业人数也呈逐年增加的趋势，创业环境得到较大改善，创业成为推动我国经济发展的又一亮点和动力。由此可见，我国已初步建立了以国家法规政策为宏观指导、地方法规政策为配套实施措施，内容涵盖创业教育、创业融资、商务支持和创业环境等大学生自主创业政策体系。

2. 大学生创业政策体系具有应急性和功利性两个明显特征。我国大学生创业政策体系是伴随着我国以市场化为导向的经济体制改革和高校扩招带来的大学生就业日趋严峻的大背景下建立起来的，创业政策体系的目标设定和功能趋向具有突出的应急性和功利性特点，缺乏宏观性和战略性的顶层设计，这直接导致我国大学生创业政策体系在结构上存在两大突出问题：从横向结构看，我国的大学生创业政策仍呈现出碎片化的特征，各单元政策之间缺乏内在相互契合性。创业单元政策不仅分散于不同部门的政策文件中，尚未有统一政策制定和发布主体，而且多数创业政策是以促进就业为目标的，也多分散于就业政策文件中，尚未构建独立的创业政策体系。从纵向结构看，纵向单元政策层次不分明，创业政策体系呈现断层现象。国务院发布的政策有许多是本应由分管部门发布的基本政策，而某些国务院下属部委发布的政策有的却超出其职责领域，上升到了总政策的范畴；同时，许多地方政府缺失配套政策措施，导致创业政策体系纵向上出现断层现象。另外，从政策体系的实施模式看，我国迄今仍未构建起相对完善的监督机制、评估机制等实施配套措施。上述问题的存在，导致我国大学生创业政策体系在具体的实施过程中远未达到设定的预期成效目标，无论参加创业的大学生人数还是创业的成功率都远远低于发达国家。这表明，我国的大学生创业政策体系虽已基本建成，但仍存在进一步调整、修改和完善的空间。

3. 大学生创业政策体系在实施方面也存在突出的问题，是大学生创业政策实施效果不理想的另一个主要因素。我国大学生创业政策在实施过程中，由于存在政策宣传不到位，组织保障不力和缺乏政策执行的监督与评估机制等问题，致使许多大学生创业者对政策的运用不到位，某些地方层面的政策执行主体要么“上有政策，下有对策”，要么“照葫芦画瓢”地消极应付，致使大学生创业政策难以达到预期的效果。

4. 需要着重于体系的整体性和前瞻性来完善我国大学生创业政策体系。政府机构需要不断弱化大学生创业政策制定的应急性和功利性，着眼于创业作为国家经济发展新引擎的定位，从宏观和战略角度推进我国大学生创业体系的进一步完善，特别是随着我国市场经济的不断完善，我国大学生创业政策体系最终将并轨到国家创业政策体系中。具体而言，需要整合现行的政策制定主体，重构统一的具有权威性的大学生创业政策制定与实施的组织结构；强化顶层设计以保障体系框架下单元政策间的相互协调与统一。同时，要加强创业政策宣传，建立大学生创业政策实施的监督和评估机制，推动大学生创业政策的有效实施。

二、创新与不足

本研究的创新之处主要表现在以下几个方面：

1. 研究视角的创新

在目前我国大学生创业政策的相关研究中，多是对创业政策具体内容的分析，或是对细分创业政策的研究，鲜有从体系的角度综合分析大学生创业政策，探讨不同单元政策之间关系的理论和研究。本书利用体系理论，整体分析创业政策体系内不同单元政策之间的关系特点、存在的问题，并从宏观政策体系和微观单元政策两个层面进行分析，提出完善大学生创业政策体系的路径，这对完善国内创业政策体系的研究模式有所贡献。

2. 建立了大学生创业政策体系分析框架

本研究在厘清“创业政策体系”概念和功能的基础上，比较分析了国内外现有创业政策体系的研究成果，基于创业过程所涉及的创业动机、创业技能、创业机会等各环节的内在统一性，将创业教育政策、创业融资政策、商务支持政策、创业环境政策作为创业政策体系的核心要素，运用理论和模型分析不同单元政策要素之间内在相互匹配和因果关系，以此构筑了大学生创业政策体系的理论框架，从理论上充实了创业政策的研究内容，这对其他同类研究具有启发意义。

由于大学生创业政策在国内是一个比较新的话题，关于这方面的研究还相对较少，高质量的研究成果就更少。而创业活动是一个复杂的过程，涉及社会、经济、教育等多个领域，影响因素众多，受笔者知识储备与研究能力所限，本书存在一些不足之处，主要有：笔者在借鉴国内外学者研究成果基础上尝试构建的大学生创业政策体系理论框架，前提假定考虑可能不充分，相关变量的设定还缺乏深入的思考，理论框架的科学性与合理性有待实践的检验；由于创业问题涉及教育学、财政学、税收学、投资学等众多学科领域，受笔者学识水平所限，对一些问题的分析和探讨还不够深入和全面；在研究方法上，本书多基于政策分析的视角，侧重规范研究，案例分析不够。

三、进一步研究展望

近年来，尤其是今年以来国家对大学生的创业问题愈发重视，不断发出助推创业创新热潮的政策信号，“大众创业”、“创客空间”成为社会时尚，高校里的创新创业大赛和创业活动空前活跃。但是，缺乏资金、缺乏引导、缺乏能力仍然是当代大学生实现创业梦的三大瓶颈，这一点得到了越来越多学界和商界人士的认同，可以预见，创业、创业政策必将成为今后一个时期国内学界研究的热点领域之一。就大学生创业政策而言，在后续研究中，可以通过进一步的实证研究，对我国大学生创业政策体系进行更加详细和全面的评价，为大学生创业政策体系的完善提供更多的实践依据；同时，研究的重点还应关注大学生创业政策与全民创业政策及其他相关政策的配合，以及政策细化问题。

随着大学生创业人数的逐渐增多和国家政策体系的不断完善，适宜大学生创业的环境渐趋良好。多层次、全方位、网络化的创业政策支持系统将为大学生创业者发现、识别、开发创业条件提供发展契机，大学生创业将成为毕业生入驻社会的一种常态的就业方式。

附录一　调查问卷

关于大学生创业政策的访谈(一)

(访谈对象:大学生创业者)

一、访谈城市:____________

二、访谈对象:创业大学生

公司名称:____________

所属领域:____________

创业年限:____________

三、访谈问题:

1.您对当前大学生创业政策总体感觉如何?

2. 从您的创业经历来看,您认为政府和高校应当在哪些方面加强对大学生的创业教育和培训?如何改善?

3. 您创业过程中是否了解并申请过小额担保贷款?如果没有,为什么没有利用这个优惠政策?如果申请过,顺利吗?在贷款方面,您认为应如何完善相关政策和措施?

4. 除了目前的小额担保贷款、创业投资基金等融资渠道外,您认为还应该增加哪些融资渠道以推动大学生创业?

5. 目前政府扶持大学生创业的财政政策(如税收政策)您觉得怎么样?您认为还应该进行哪些改进?(对在创业园开办公司的企业)关于创业经营场所租金补贴政策,您享受到了吗?您的评价如何?

6. 您觉得高校毕业生创业的优惠政策是否已经落实到位？如果没有，请说说具体情况好吗？

7. 您期望国家或地方下一步出台或加强哪方面的优惠政策？

8. 您对大学生创业还有什么建议？

关于大学生创业政策的访谈(二)

（访谈对象：政府管理人员）

一、访谈城市：____________________

二、访谈对象：创业园或大学生创业扶持机构的管理人员

单位名称：____________________

姓名、职务：____________________

三、访谈问题：

1. 本创业园(创业孵化基地)的建立是基于什么考虑？是基于政策要求的政府行为还是经济指标的考量？有没有制定大学生创业园区房租补贴、经营场地补贴政策？

2. 目前我国各级政府制定的大学生创业政策是否具有可操作性？创业扶持政策实行过程中遇到过哪些突出问题？

3. 您认为贵省(市)在创业政策措施方面有哪些好的做法值得推广和借鉴？

4. 贵省(市)对大学生创业政策的公布和宣传方式有哪些？是否有专门网站支持和宣传大学生创业？

5. 贵省(市)是否设立专门机构为创业者提供咨询及业务上的指导？

6. 在创业服务保障方面，提供了哪些服务的内容(比如人事代理、社会保险缴纳等)？

7. 您认为国家的创业政策在制定主体、内容方面还存在哪些突出的问题？您期望进行哪些改进？

8. 各级政府有没有对创业指标的考核？如果有，主要都考核哪些指标？

附录二 有关大学生创业政策文件

国务院办公厅
关于做好2003年普通高等学校毕业生就业工作的通知
（国办发[2003]49号）

各省、自治区、直辖市人民政府，国务院各部委、各直属机构：

2003年是普通高等学校（以下简称高校）扩招本科学生毕业的第一年。由于高校毕业生总量增加，再加上受到非典型肺炎疫情的影响，今年高校毕业生就业形势比较严峻。做好今年高校毕业生就业工作，关系200多万毕业生的切身利益，关系高等教育的改革发展，关系科教兴国战略的实施，关系社会政治稳定。各级政府要充分认识做好这项工作的重要性和紧迫性，继续认真落实《国务院办公厅转发教育部等部门关于进一步深化普通高等学校毕业生就业制度改革有关问题意见的通知》（国办发[2002]19号）精神，坚持"市场导向，政府调控，学校推荐，学生与用人单位双向选择"的改革方向，动员组织社会各方面力量共同做好2003年高校毕业生就业工作。经国务院同意，现就有关问题通知如下：

一、鼓励高校毕业生到基层和艰苦地区工作。各级政府要为高校毕业生创造工作条件，主要充实城市社区和农村乡镇基层单位，从事教育、卫生、公安、农技、扶贫和其他社会公益事业。在艰苦地区工作2年或2年以上者，报考研究生的，应优先予以推荐、录取；报考党政机关和应聘国有企事业单位的，在同等条件下，应优先录用。

国家支持共青团中央、教育部组织实施“大学生志愿服务西部计划”。中央财政对该计划给予适当支持。从2003年高校毕业生中招募志愿者，到西部贫困县的乡镇一级教育、卫生、农技、扶贫等单位服务2年，服务期间计算工龄。志愿者服务期满后，鼓励其扎根基层或者自主择业和流动就业；愿意报考研究生或报考党政机关和应聘国有企事业单位的，仍可享受上述在艰苦地区工作2年或2年以上人员的优惠政策。

二、党政机关录用公务员和国有企事业单位新增专业技术人员和管理人员，应主要面向高校毕业生，公开招考或招聘，择优录用。

三、鼓励各类企事业单位特别是中小企业和民营企事业单位聘用高校毕业生，政府有关部门要为其提供便利条件和相应服务。对企业跨地区聘用的高校毕业生，省会及省会以下城市要认真落实有关政策，取消落户限制。

四、鼓励高校毕业生自主创业和灵活就业。凡高校毕业生从事个体经营的，除国家限制的行业外，自工商部门批准其经营之日起1年内免交登记类和管理类的各项行政事业性收费。有条件的地区由地方政府确定，在现有渠道中为高校毕业生提供创业小额贷款和担保。

五、为高校毕业生办理户口和人事档案手续提供便利。对毕业离校时未落实工作单位的高校毕业生，本人要求户口和人事档案保留在学校的，按规定保留两年。在此期间，档案管理机构对保管其档案免收服务费用；本人要求将户口转回入学前户籍所在地的，公安机关应当按照户籍管理规定为其办理落户手续，人事、教育部门所属人才交流服务机构负责办理相关手续，人事部门所属人才交流服务机构免费提供人事代理服务。本人落实工作单位后，公安机关按有关规定办理户口迁移手续。

六、任何地区或单位不得以来自非典型肺炎疫情流行地区为借口拒绝接收高校毕业生。高校可视当地疫情适当延长就业签约时间。用人单位已经签订就业合同的，必须认真履约并允许适当推迟报到时间。疫情流行地区高校毕业生报到时，要出具学校所在地政府卫生部门的健康证明书。

七、做好高校毕业生就业指导和服务工作。高校就业指导服务机构要主动为毕业生联系用人单位，并加强与各级人才交流服务机构、公共职业介绍机构的联系，创造条件帮助高校毕业生了解基层和用人单位的情况，有计划地组织高校毕业生参加各种形式的求职招聘活动。各级人事和劳动保障等部门所属的人才交流服务机构和公共职业介绍机构要主动为高校毕业生提供就业岗位信息服务，免费提供职业指导、职业介绍等服务。要在充分利用现有资源基础上，建立健全高校毕业生就业服务信息网络，为用人单位和高校毕业生提供网上沟通的平台，并加强对用人信息发布的管理。

八、毕业半年以上未能就业并要求就业的高校毕业生，可持学校证明到入学前户籍所在城市或县劳动保障部门办理失业登记。劳动保障部门所属的公共职业介绍机构和街道劳动保障机构应免费为其提供就业服务。对已进行失业登记的高校毕业生，有条件的城市、社区可组织其参加临时性的社会工作、社会公益活动，或到用人单位见习，给予一定报酬。对于因患病等原因短期无法工作并确无生活来源者，由民政部门参照当地城市低保标准，给予临时救助。此项费用由地方财政列支。

九、要加大对高等教育事业发展规模、专业设置和就业状况的统筹力度。对就业率低的高校长线专业，要暂停招生或减少招生；高校要根据社会需要允许学生调整专业，并适当延长学习期限，可采取毕业后到职业技术学院、技师学院和高级技工学校参加3个月到6个月的职业技能培训，并参加职业技能鉴定的办法，促进高校毕业生就业；毕业后长期找不到工作的，可根据本人意愿，报名参加社会急需专业的职业培训。上述培训和职业技能鉴定费用由地方政府统筹解决。

要鼓励中小企业和民营企事业单位聘用高等职业学校（大专）毕业生，使大批动手能力较强、适应性较好的高职（大专）毕业生有用武之地。对2003年就业困难的应届高职（大专）毕业生，由劳动保障、人事和教育部门共同实施“高职（大专）毕业生职业资格培训工程”，对需要培训的应届高职（大专）毕业生进行职业技能培训和职业技能鉴定。培训费由教育系统承担，职业技能鉴定费由劳动保障部门适当减免。

十、加强对高校毕业生的思想政治工作。各级政府和高等学校要采取有效形式对高校毕业生进行就业形势教育，开展树立正确择业观和创业观教育，并贯穿于学校教育的全过程。要大力宣传优秀毕业生艰苦奋斗、自主创业、扎根基层的成才之路和成功经验，激发高校毕业生到基层干事业的热情，引导高校毕业生确定切合实际的就业期望值，在全社会营造有利于高校毕业生就业特别是到基层和艰苦地区就业的良好社会氛围。

十一、进一步加强对高校毕业生就业工作的领导。把高校毕业生就业工作纳入整个社会就业工作体系，抓紧抓好。各省、自治区、直辖市人民政府要健全高校毕业生就业工作领导机构，加强政策指导和工作协调；各级教育、人事、劳动保障等有关部门要密切配合，通力合作。要动员和组织各方面力量千方百计拓宽高校毕业生就业渠道，各级财政要适当增加投入。

各级政府和有关部门要加强工作，化解矛盾，维护高校稳定。要密切关注高校毕业生思想动态，制定必要的工作预案，及时将不稳定因素消除在萌芽状态。

各省、自治区、直辖市人民政府和国务院有关部门，可参照本通知精神抓紧制定具体实施办法。

国务院办公厅

二〇〇三年五月二十九日

财政部　国家发展改革委员会
关于切实落实2003年普通高等学校毕业生从事
个体经营有关收费优惠政策的通知

（财综[2003]48号）

各省、自治区、直辖市、计划单列市财政厅（局）、计委、物价局，新疆生产建设兵团财务局，公安部，卫生部，民政部，税务总局，工商总局，烟草局，劳动保障部：

最近，国务院办公厅发布了《国务院办公厅做好2003年普通高等学校毕业生就业工作的通知》（国办[2003]49号），规定对从事个体经营的高校毕业生实行免交登记类和管理类行政事业性收费政策。为切实落实国办发[2003]49号文件精神，鼓励高校毕业生自主创业和灵活就业，现将有关具体事宜通知如下：

一、凡2003年应届高校毕业生从事个体经营的，除国家限制的行业（包括建筑业、娱乐业以及广告业、桑拿、按摩、网吧、氧吧等）外，自工商部门批准其经营之日起1年内免交登记类和管理类的各项行政事业性收费（以下简称“收费”）。

二、从事个体经营的高校毕业生免交的具体收费项目主要包括：

（一）法律、行政法规规定的收费项目，国务院以及财政部、国家发展改革委（含原国家计委、原国家物价局、下同）批准的收费项目。

1.工商部门收取的个体工商户注册登记费（包括开业登记、变更登记、补换营业执照及营业执照副本）、个体工商户管理费、集贸市场管理费、经济合同鉴证费、经济合同示范文本工本费。

2.税务部门收取的税务登记证工本费。

3.卫生部门收取的民办医疗机构管理费、卫生监测费、卫生质量检验费、预防性体检费、预防接种劳务费、卫生许可证工本费。

4.民政部门收取的民办非企业单位登记费（含证书费）

5.劳动保障部门收取的劳动合同鉴证费、职业资格证书费。

6.公安部收取的特种行业许可证工本费。

7.烟草部门收取的烟草专卖零售许可证费（含临时的零售许可证费）。

8. 国务院以及财政部、国家发展改革委批准的涉及个体经营的其他登记类和管理类收费项目。

(二)各省、自治区、直辖市人民政府及其财政、价格主管部门批准的涉及机个体经营的登记类和管理类收费项目。

三、从事个体经营的高校毕业生、应当向工商、税务、卫生、民政、劳动保障、公安、烟草等部门的相关收费单位出具本人身份证、高校毕业证以及工商部门批准从事个体经营的有效证件，经收费单位核实无误后按规定免交有关收费。

四、对从事个体经营的高校毕业生免收上述有关收费而减少的收入，只要由有关部门和单位调减支出项目自行消化，各级财政原则上不给予补助。

五、各省，自治区、直辖市财政、价格主管部门应当通过广播、电视、报刊等新闻媒体，在本行政区域内公布免收的各项具体收费项目，使高校毕业生及时了解和掌握有关收费优惠政策。工商、税务、卫生、民政、劳动保障、公安烟草等部门应当督促本系统内的有关收费单位不折不扣地落实各项收费优惠政策。

六、各省、自治区、直辖市财政、价格主管部门在各自的职责范围内加强对从事个体经营的高校毕业生收费优惠政策落实情况的监督检查，凡不按规定落实收费优惠政策的，要依据法律。法规规定予以严肃处理，确保有关优惠政策的贯彻落实。

七、本通知执行至 2003 年 12 月 31 日。

二〇〇三年六月二十六日

人力资源和社会保障部 发展改革委 教育部 工业和信息化部 财政部 国土资源部 住房城乡建设部 商务部 人民银行 税务总局 工商总局 关于促进以创业带动就业工作的指导意见

为贯彻落实党的十七大提出的“实施扩大就业的发展战略，促进以创业带动就业”的总体部署，全面实施《中华人民共和国就业促进法》的有关规定，现就促进以创业带动就业工作提出以下指导意见：

一、统一思想认识，明确目标任务

(一)统一思想认识。创业是劳动者通过自主创办生产服务项目、企业或从事个体经营实现市场就业的重要形式。劳动者通过创业，在实现自身就业的同时，吸纳带动更多劳动者就业，促进了社会就业的增加。当前及今后一个时期，我国就业形势依然严峻，促进以创业带动就业，有利于发挥创业的就业倍增效应，对缓解就业压力具有重要的现实意义。以创业带动就业工作是实施扩大就业发展战略的重要内容，是新时期实施积极就业政策的重要任务。各地区、各有关部门要高度重视，通过政策支持和服务保障，优化创业环境，鼓励和扶持更多劳动者成为创业者。

(二)明确指导思想。各地区、各有关部门要深入贯彻落实科学发展观，按照构建社会主义和谐社会的总体要求，解放思想，改革创新，着眼于经济社会发展全局，从创业意识、创业能力和创业环境着手，逐步形成以创业带动就业的工作新格局。坚持政府促进、社会支持、市场导向、自主创业的基本原则，强化创业服务和创业培训，改善创业环境，加快形成政策扶持、创业培训、创业服务“三位一体”的工作机制，不断激发劳动者的创业激情，增强创业意识，鼓励更多的城乡劳动者通过自主创业实现就业。

(三)突出工作重点。各地区、各有关部门要紧密结合地方的优势产业、特色经济，确定鼓励创业的产业指导目录，制定扶持政策，鼓励创业者进入国家和地方优先和重点发展的科技型、资源综合利用型、劳动密集型、农副产品加工型、贸易促进型、社区服务型、建筑劳务型和信息服务型等产业或行业。鼓励和支持个体私营等非公有制经济和中小企业发展，扩大创业领域。重点指导和促进高校毕业生、失业人员和返乡农民工创业。积极采取措施促进军队复员转业人员、留学回国人员等创业。力争用3到5年的时间，实现劳动者创业人数和通过创业带动就业人数的大幅增加，基本形成促进以创业带动就业的政策体系，使更多有创业意愿和创业能力的劳动者成功创业。

二、完善扶持政策，改善创业环境

（四）放宽市场准入。加快清理和消除阻碍创业的各种行业性、地区性、经营性壁垒。法律、法规未禁止的行业和领域向各类创业主体开放，国家有限制条件和标准的行业和领域平等对待各类创业主体。在法律、法规规定许可的范围内，对初创企业，可按照行业特点，合理设置资金、人员等准入条件，并允许注册资金分期到位。按照法律、法规规定的条件、程序和合同约定允许创业者将家庭住所、租借房、临时商业用房等作为创业经营场所。扩大政府采购范围，制定促进小企业发展的政府采购优惠政策。各地区、各有关部门可根据实际情况，适当放宽高校毕业生、失业人员以及返乡农民工创业的市场准入条件。

（五）改善行政管理。全面实行收费公示制度和企业交费登记卡制度，禁止任何部门、单位和个人干预创业企业的正常经营，严格制止乱收费、乱摊派、乱罚款、乱检查、乱培训行为。进一步清理和规范涉及创业的行政审批事项，简化立项、审批和办证手续，公布各项行政审批、核准、备案事项和办事指南，推行联合审批、一站式服务、限时办结和承诺服务等，开辟创业“绿色通道”。依法保护创业者的合法私有财产，对严重侵犯创业者或其所创办实体合法权益的违法行为，有关部门要依法查处。对创业者提出的行政复议申请，政府部门要及时受理，公平对待，限时答复。登记失业人员、残疾人、退役士兵，以及毕业2年以内的普通高校毕业生从事个体经营的，要按有关规定，自其在工商部门首次注册登记之日起3年内，免收管理类、登记类和证照类等有关行政事业性收费。

（六）强化政策扶持。全面落实有利于劳动者创业的税收优惠、小额担保贷款、资金补贴、场地安排等扶持政策，促进中小企业和个体私营等非公有制经济发展，扶持劳动者创业。从实际出发，建立健全促进以创业带动就业的政策措施，细化操作办法。多渠道筹集安排资金，支持以创业带动就业工作的展开。要针对经营成本上升以及政策和市场环境变化的情况，兼顾行业稳定发展和结构调整升级，积极采取有效措施，扶持、保护创业企业的生存和发展，鼓励创业企业扩大就业规模。对农民工返乡创业的，劳务输出地区要积极探索完善相关扶持政策。

（七）拓宽融资渠道。积极推动金融产品和金融服务创新，支持推动以创业带动就业。积极探索抵押担保方式创新，对于符合国家政策规定、有利于促进创业带动就业的项目，鼓励金融机构积极提供融资支持。全面落实小额担保贷款政策，创新管理模式，提高贷款服务的质量和效率，并进一步加大对符合条件的劳动密集型小企业的支持力度。鼓励和支持发展适合农村需求特点的多种所有制金融组织，创新农村贷款担保模式，积极做好对农民工返乡创业的金融服务。建立健全创业投资机制，鼓励利用外资和国内社会资本投资创业企业，有条件的地区可设立各种形式的创业投资引导基金，引导和促进创业投资企业的设立与发展。

三、强化创业培训，提高创业能力

（八）加大培训力度。建立满足城乡各类劳动者创业的创业培训体系，扩大创业培训范围，逐步将所有有创业愿望和培训需求的劳动者纳入创业培训。加强普通高校和职业学校的创业课程设置和师资配备，开展创业培训和创业实训。落实职业培训补贴政策，对参加创业培训的创业者，按有关政策规定，给予职业培训补贴。对领取失业保险金人员参加创业培训的，其按规定享受的职业培训补贴由失业保险基金开支。

（九）提高培训质量。从规范培训标准、提高师资水平、完善培训模式等方面入手，不断提高创业培训的质量。定期组织开展教师培训进修、研讨交流活动，加强师资力量的培养和配备，提高教育水平。采用案例剖析、知识讲座、企业家现身说法等多种方式，增强创业培训的针对性和实用性。根据不同群体的不同需求，开发推广创业培训技术，不断提高创业成功率。

（十）建立孵化基地。地方各级人民政府要统筹安排劳动者创业所需的生产经营场地，搞好基础设施及配套建设，优先保障创业场地。可在土地利用总体规划确定的城镇建设用地范围内，或利用原有经批准的经济技术开发区、工业园区、高新技术园区、大学科技园区、小企业孵化园等建设创业孵化基地，为进入基地的小企业提供有效的培训指导服务和一定期限的政策扶持，增强创业企业的经营管理和市场竞争能力，提高创业稳定率。

四、健全服务体系，提供优质服务

（十一）健全服务组织。依托公共就业服务体系，健全创业指导服务组织，开发创业指导技术，完善创业服务功能，提高创业服务效率，承担创业带动就业工作的组织、服务和实施责任。充分发挥中小企业服务机构、高校毕业生就业指导机构和各类创业咨询服务机构的作用，共同做好创业带动就业工作。推动创业咨询服务工作的开展，建立由企业家、创业成功人士、专家学者及政府工作人员共同组成的创业服务专家队伍，逐步形成创业服务指导专兼职队伍。

（十二）完善服务内容。根据城乡创业者的需求，组织开展项目开发、方案设计、风险评估、开业指导、融资服务、跟踪扶持等“一条龙”创业服务，建立创业信息、政策发布平台，搭建创业者交流互助的有效渠道。建立政府支持并监管、企业与个人开发、市场运作的创业项目评估和推介制度，建立创业项目资源库，形成有效采集和定期发布制度。通过上门服务、集中服务、电话服务等多种形式，为创业者提供个性化、专业化的开业指导和咨询服务。建立创业者信息管理服务系统，设立创业服务热线，接受创业者的咨询和投诉，提供及时有效的后续服务和跟踪指导，注重对创业失败者的指导和服务，帮助他们重树信心，再创新业。

（十三）提供用工服务。为创业者、新创办企业及其所吸纳的员工提供公共就业服务。指导创业企业结合生产经营需要，落实职工教育经费，做好职工的岗前培训和在职培训。组织各类培训机构按照用工需求开展定向、订单培训，为创业企业提供合适人才。对参加职业技能培训的符合条件人员，按规定给予相应的职业培训补贴和职业技能鉴定补贴。推进社会保障制度和户籍制度改革，加强社会诚信体系建设和社会治安综合治理，为创业者及其招聘的劳动者提供社会保障、人事管理、教育培训、职称评定等方面的政策便利，吸引人才去新创办企业工作，扩大创业带动就业的规模。

五、加强组织领导，推动工作开展

（十四）强化政府责任。地方各级人民政府要将促进创业作为一项重要任务，摆上就业工作的重要议事日程，落实扶持政策，改善创业环境，推广经验典型，积极推动创业带动就业工作的全面开展。重点指导推动工作基础较好，条件相对成熟的城市，根据本意见的要求，实施以创业带动就业相关扶持政策，在组织领导、创业培训、创业服务和社会参与等方面积极探索，率先完善创业带动就业的政策体系，建立以创业带动就业的创业型城市。

（十五）完善工作机制。各地区要发挥促进就业工作协调机制的作用，建立人力资源社会保障、发展改革、中小企业管理、教育、建设、国土资源、财政、商务、银行、税务、工商等部门共同参与、分工负责、协调配合的工作小组，共同研究制定和实施促进以创业带动就业的政策措施和工作计划。把优化创业环境、完善落实创业政策以及提高创业培训效果、创业服务质量、创业初始成功率、创业稳定率、创业带动就业率等作为衡量促进以创业带动就业的主要工作指标，列入当地就业工作考核的重要内容。充分发挥工商联、工会、共青团、妇联、残联以及其他社会组织的作用，共同做好创业带动就业工作。

（十六）营造良好氛围。加强创业教育，提高创业意识，建设创业文化，使更多的劳动者乐于创业、敢于创业；发挥社会各方面支持和推动创业工作的积极作用，营造全民创业的社会氛围；加强舆论引导，弘扬创业精神，树立一批创业典型，特别是面对失败不屈不挠成功实现再创业的典型，营造崇尚创业、竞相创业、褒奖成功、宽容失败的和谐创业环境和良好舆论氛围。对在创业带动就业工作中取得显著成绩的单位和个人要给予表彰。

各地区、各有关部门要结合实际，研究制定贯彻本意见的具体办法。

二〇〇八年九月二十六日

关于实施大学生创业引领计划的通知

（人社部发[2010]31号）

各省、自治区、直辖市人力资源社会保障厅（局），新疆生产建设兵团人事局、劳动保障局：

为贯彻落实党中央、国务院"促进以创业带动就业"的战略部署，鼓励、引导和支持大学生自主创业，根据人力资源和社会保障部、教育部、财政部、中国人民银行、国家税务总局、国家工商行政管理总局《关于实施2010高校毕业生就业推进行动大力促进高校毕业生就业的通知》（人社部发[2010]25号）要求，我部决定组织实施"大学生创业引领计划"。现将该计划要点指南印发你们，请结合实际，制定本地实施计划方案，并认真组织实施。

附件：大学生创业引领计划

人力资源和社会保障部

二〇一〇年五月四日

大学生创业引领计划

（要点指南）

一、指导思想

贯彻落实党中央、国务院促进以创业带动就业的战略部署，坚持政府促进、社会支持、市场导向、自主创业的基本原则，发挥政府部门、公共服务机构和高等学校的职能作用，调动社会各方面力量，采取一系列鼓励、引导和扶持措施，强化创业意识，提升创业能力，改善创业环境，健全创业服务，引导和带领一大批大学生通过创业实现就业。

二、工作目标

2010～2012年，三年引领45万名大学生实现创业。其中，2010年不少于10万人，2011年不少于15万人，2012年不少于20万人。有创业愿望并具备一定条件的大学生都得到创业培训，准备创业的大学生都得到创业指导服务。市场导向的大学生创业机制初步建立。

三、主要任务

（一）开展大学生创业培训（实训）。按规定认定创业培训（实训）机构，选评一批创业培训师和讲师。探索建立模拟公司、信息化创业实训平台等，组织有创业愿望的大学生参加创业培训（实训）或演练。进行求职登记的毕业生按规定享受培训补贴。积极会同教育等有关部门，邀请创业成功人士为在校大学生传授创业经验，组织开展形式多样的大学生创业竞赛活动，积极开展在校大学生创业培训（实训）服务。

（二）对大学生创业给予政策扶持。大学生创业符合规定条件的，可享受注册资金优惠、小额担保贷款、税费减免等扶持政策。将大学生创业见习纳入就业见习总盘子实行统筹管理。鼓励支持大学毕业生开办网店从事创业实践活动，提供创业辅导和便利条件。积极会同有关部门多渠道建立创业专项扶持资金。多渠道拓展大学生创业融资渠道。

（三）为大学生创业提供指导服务。建立大学生创业项目库，举办创业项目展示和推介引导活动；积极会同教育部门和高等院校，为在校大学生提供创业指导服务，将创业指导与创业教育、创业培训（实训）紧密结合，指导大学生制定创业计划书，为大学生制定创业路线图。建立完善大学生创业导师制度，组织一批有社会责任感的企业家和专业人士成立大学生创业导师团、专家志愿团等；建立创业大学生俱乐部、创业大学生联谊会等多种形式的大学生创业交流平台。发挥创业指导服务中心及公共就业服务机构的作用，提供形式多样的创业服务。

（四）为大学生创业提供孵化服务。积极会同有关部门，充分整合政府、企业、高校、社会团体等多方资源，发挥小企业创业基地、科技企业孵化器等现有园区和孵化基地的优势，建立一批大学生创业园，为创业大学生提供低成本的生产经营场所和企业孵化服务；将创业实训、创业孵化、创业指导相结合，细化、规范服务流程，建立不同阶段大学生创业的全方位、阶梯型的创业孵化服务体系；根据当地实际，会同有关部门完善创业场地、创业设施等硬件建设，制定大学生创业园区房租补贴、经营场地补贴政策。

四、保障措施

（一）加强领导，明确分工。充分发挥就业工作联席会议作用，会同有关部门成立引领大学生创业工作指导小组，统一负责本计划的组织实施。正在开展创业型城市创建工作的地区，本计划的组织实施由创建工作领导小组统筹安排。加强各部门行动之间的协调配合，确保本计划顺利实施。

（二）制定方案，抓好落实。各省、自治区、直辖市要根据本计划制订实施方案，将目标任务和各项措施细化分解并落实。开展工作进展调度通报，开展年度工作总结和绩效考评，将考评结果纳入就业工作绩效考核范围。加强工作调研和业务指导，及时解决问题，确保将本计划的各项任务落到实处。

（三）突出重点，强化推动。建立重点地区和行业（领域）工作推进机制。要指导创业型城市创建城市以及其他高校毕业生数量较多、创业环境较好的地区，将本地区大学生创业引领计划纳入促进创业带动就业和创建工作重要内容，重点推进。要根据当地实际确定一批重点行业（领域）（如信息技术、服装服饰、文化创意、物流、动漫、电子商务等），鼓励指导行业协会、社团组织根据本计划制订引领大学生在本行业（领域）创业的行动计划，报我部备案后在有条件的地方组织实施。

（四）树立典型，宣传引导。开展评选表彰活动，树立一批创业大学生、创业导师、支持创业金融机构、大学生创业基地典型。总结工作经验，推动宣传交流，引导社会舆论，增进全社会对大学生创业的理解和支持，努力培育崇尚创业、褒奖成功、宽容失败的创业文化环境。

请各省、自治区、直辖市人力资源社会保障厅（局）将大学生创业引领计划三年总体计划和分年度实施方案于 5 月 31 日之前上报我部。计划实施情况请及时上报。

教育部
关于大力推进高等学校创新创业教育和大学生自主创业工作的意见

各省、自治区、直辖市教育厅(教委),部属各高等学校,各国家大学科技园:

党的十七大提出"提高自主创新能力,建设创新型国家"和"促进以创业带动就业"的发展战略。大学生是最具创新、创业潜力的群体之一。在高等学校开展创新创业教育,积极鼓励高校学生自主创业,是教育系统深入学习实践科学发展观,服务于创新型国家建设的重大战略举措;是深化高等教育教学改革,培养学生创新精神和实践能力的重要途径;是落实以创业带动就业,促进高校毕业生充分就业的重要措施。为统筹做好高校创新创业教育、创业基地建设和促进大学生自主创业工作,现提出以下意见:

一、大力推进高等学校创新创业教育工作

1.创新创业教育是适应经济社会和国家发展战略需要而产生的一种教学理念与模式。在高等学校中大力推进创新创业教育,对于促进高等教育科学发展,深化教育教学改革,提高人才培养质量具有重大的现实意义和长远的战略意义。创新创业教育要面向全体学生,融入人才培养全过程。要在专业教育基础上,以转变教育思想、更新教育观念为先导,以提升学生的社会责任感、创新精神、创业意识和创业能力为核心,以改革人才培养模式和课程体系为重点,大力推进高等学校创新创业教育工作,不断提高人才培养质量。

2.加强创新创业教育课程体系建设。把创新创业教育有效纳入专业教育和文化素质教育教学计划和学分体系,建立多层次、立体化的创新创业教育课程体系。突出专业特色,创新创业类课程的设置要与专业课程体系有机融合,创新创业实践活动要与专业实践教学有效衔接,积极推进人才培养模式、教学内容和课程体系改革。加强创新创业教育教材建设,借鉴国外成功经验,编写适用和有特色的高质量教材。

3.加强创新创业师资队伍建设。引导各专业教师、就业指导教师积极开展创新创业教育方面的理论和案例研究,不断提高在专业教育、就业指导

课中进行创新创业教育的意识和能力。支持教师到企业挂职锻炼，鼓励教师参与社会行业的创新创业实践。积极从社会各界聘请企业家、创业成功人士、专家学者等作为兼职教师，建立一支专兼结合的高素质创新创业教育教师队伍。高校要从教学考核、职称评定、培训培养、经费支持等方面给予倾斜支持。定期组织教师培训、实训和交流，不断提高教师教学研究与指导学生创新创业实践的水平。鼓励有条件的高校建立创新创业教育教研室或相应的研究机构。

4.广泛开展创新创业实践活动。高等学校要把创新创业实践作为创新创业教育的重要延伸，通过举办创新创业大赛、讲座、论坛、模拟实践等方式，丰富学生的创新创业知识和体验，提升学生的创新精神和创业能力。省级教育行政部门和高校要将创新创业教育和实践活动成果有机结合，积极创造条件对创新创业活动中涌现的优秀创业项目进行孵化，切实扶持一批大学生实现自主创业。

5.建立质量检测跟踪体系。省级教育行政部门和高等学校要建立创新创业教育教学质量监控系统。要建立在校和离校学生创业信息跟踪系统，收集反馈信息，建立数据库，把未来创业成功率和创业质量作为评价创新创业教育的重要指标，反馈指导高等学校的创新创业教育教学，建立有利于创新创业人才脱颖而出的教育体系。

6.加强理论研究和经验交流。教育部成立高校创业教育指导委员会，开展高校创新创业教育的研究、咨询、指导和服务。省级教育行政部门和高等学校要加强对国内外创新创业教育理论研究，组织编写高校创新创业教育先进经验材料汇编和大学生创业成功案例集。省级教育行政部门应定期组织创新创业教育经验交流会、座谈会、调研活动，总结交流创新创业教育经验，推广创新创业教育优秀成果。逐步探索建立中国特色的创新创业教育理论体系，形成符合实际、切实可行的创新创业教育发展思路，指导创新创业教育教学改革发展。

二、加强创业基地建设，打造全方位创业支撑平台

7.全面建设创业基地。教育部会同科技部，以国家大学科技园为主要依托，重点建设一批“高校学生科技创业实习基地”，并制定出台相关认定办法。省级教育行政部门要结合本地实际，通过多种形式建立省级大学生创业实习和孵化基地；同时要积极争取有关部门支持，推动本地区有关地市、高等学校、大学科技园建立大学生创业实习或孵化基地，并按其类别、规模和孵化效果，给予大力支持，充分发挥基地的辐射示范作用。

8.明确创业基地功能定位。大学生创业实习或孵化基地是高等学校开展创新创业教育、促进学生自主创业的重要实践平台，主要任务是整合各方优势资源，开展创业指导和培训，接纳大学生实习实训，提供创业项目孵化的软硬件支持，为大学生创业提供支撑和服务，促进大学生创业就业。

9.规范创业基地管理。大学科技园作为“高校学生科技创业实习基地”的建设主体，要把基地建设作为园区建设的重要内容，确定专门的管理部门负责基地的建设和管理；加强与依托学校和有关部门的联动，共同开展大学生实习实训和创业实践。有关高等学校要高度重视大学科技园在创新创业人才培养中的作用，出台有利于大学科技园开展学生创业工作的政策措施和激励机制。

10.提供多种形式的创业扶持。大学生创业实习或孵化基地要结合实际，为大学生创业提供场地、资金、实训等多方面的支持。要开辟较为集中的大学生创业专用场地，配备必要的公共设备和设施，为大学生创业企业提供至少12个月的房租减免。要提供法律、工商、税务、财务、人事代理、管理咨询、项目推荐、项目融资等方面的创业咨询和服务，以及多种形式的资金支持；要为大学生开展创业培训、实训；建立公共信息服务平台，发布相关政策、创业项目和创业实训等信息

三、进一步落实和完善大学生自主创业扶持政策，加强创业指导和服务工作

11.切实落实创业扶持政策。省级教育行政部门要按人力资源和社会保障部、教育部等《关于实施“2010高校毕业生就业推进行动”大力促进高校毕业生就业的通知》(人社部发[2010]25号)要求，与有关部门密切配合，共同组织实施“创业引领计划”，并切实落实以下政策：对高校毕业生初创企业，可按照行业特点，合理设置资金、人员等准入条件，并允许注册资金分期到位。允许高校毕业生按照法律法规规定的条件、程序和合同约定将家庭住所、租借房、临时商业用房等作为创业经营场所。对应届及毕业2年以内的高校毕业生从事个体经营的，自其在工商部门首次注册登记之日起3年内，免收登记类和证照类等有关行政事业性收费；登记求职的高校毕业生从事个体经营，自筹资金不足的，可按规定申请小额担保贷款，从事微利项目

的，可按规定享受贴息扶持；对合伙经营和组织起来就业的，贷款规模可适当扩大。完善整合就业税收优惠政策，鼓励高校毕业生自主创业。

12.积极争取资金投入。省级教育行政部门要与有关部门协调配合，积极争取当地政府和社会支持，通过财政和社会两条渠道设立“高校毕业生创业资金”、“天使基金”等资助项目，重点扶持大学生创业。要建立健全创业投资机制，鼓励吸引外资和国内社会资本投资大学生创业企业。

13.积极开展创业培训。省级教育行政部门要积极配合有关部门，对有创业愿望并具备一定创业条件的高校学生，普遍开展创业培训。要积极整合各方面资源，把成熟的创业培训项目引入高校，并探索、开发适合我国大学生创业的培训项目。同时，高等学校要加强对在校生的创业风险意识教育，帮助学生了解创业过程中可能遇到的困难和问题，不断提高防范和规避风险的意识和能力。

14.全面加强创业信息服务。省级教育行政部门和高等学校要加大服务力度，拓展服务内涵，充分利用现有就业指导服务平台，特别是就业信息服务平台，广泛收集创业项目和创业信息，开展创业测评、创业模拟、咨询帮扶，有条件的要抓紧设立创业咨询室，开展“一对一”的创业指导和咨询，增强创业服务的针对性和有效性。

15.高等学校要出台促进在校学生自主创业的政策和措施。高校可通过多种渠道筹集资金，普遍设立大学生创业扶持资金；依托大学科技园、创业基地、各种科研平台以及其他科技园区等为学生提供创业场地。同时，有条件的高校要结合学科专业和科研项目的特点，积极促进教师和学生的科研成果、科技发明、专利等转化为创业项目。

四、加强领导，形成推进高校创业教育和大学生自主创业的工作合力

16.省级教育行政部门要把促进高校创新创业教育和大学生自主创业工作摆在突出重要位置。要积极争取有关部门支持，创造性地开展工作，因地制宜地出台并切实落实鼓励大学生创业的政策措施。要加大对高校创新创业教育、创业基地建设的投入力度，在经费、项目和基金等方面给予倾斜。有条件的地区可设立针对大学生的创业实践项目，为大学生创业实践活动提供小额经费支持。根据工作需要，可评选创新创业教育示范校、创业示范基地。

17.高等学校要把创新创业教育和大学生自主创业工作纳入学校重要

议事日程。要理顺领导体制，建立健全教学、就业、科研、团委、大学科技园等部门参加的创新创业教育和自主创业工作协调机制。统筹创新创业教育、创业基地建设、创业政策扶持和创业指导服务等工作，明确分工，切实加大人员、场地、经费投入，形成长效机制。

18. 营造鼓励创新创业的良好舆论氛围。省级教育行政部门和高等学校要广泛开展创新创业教育和大学生自主创业的宣传，通过报刊、广播、电视、网络等媒体，积极宣传国家和地方促进创业的政策、措施，宣传各地和高校推动创新创业教育和促进大学生创业工作的新举措、新成效，宣传毕业生自主创业的先进典型。通过组织大学生创业事迹报告团等形式多样的活动，激发学生的创业热情，引导学生树立科学的创业观、就业观、成才观。

中华人民共和国教育部

二〇一〇年五月四日

人力资源和社会保障部　国家发展改革委员会
教育部　科学技术部
工业和信息化部　财政部　中国人民银行
国家工商行政管理总局　共青团中央
关于实施大学生创业引领计划的通知

（人社部发[2014]38号）

各省、自治区、直辖市人力资源社会保障厅（局）、发展改革委、教育厅（教委）、科技厅（科委）、中小企业主管部门、财政厅（局）、工商行政管理局、团委，中国人民银行上海总部、各分行、营业管理部、省会（首府）城市中心支行，部属各高等学校，新疆生产建设兵团有关部门：

为了贯彻落实党中央、国务院关于全面深化改革战略部署和促进高校毕业生就业创业工作要求，引导和支持更多的大学生创业，人力资源社会保障部、国家发展改革委、教育部、科技部、工业和信息化部、财政部、人民银行、工商总局、共青团中央决定，2014～2017年实施新一轮“大学生创业引领计划”。现就有关问题通知如下：

一、指导思想和目标任务

（一）指导思想

深入贯彻落实党的十八届三中全会对促进高校毕业生就业创业工作的新要求，坚持政府政策支持与创业者努力相结合，合理运用政府公共资源，充分动员社会其他资源，激发大学生（含国内各类高校的在校生、毕业生、出国（境）留学回国人员）创新活力，为大学生创业提供有力支持，以创新引领创业，以创业带动就业。

（二）目标任务

通过各方共同努力，使大学生的创业意识和创业能力进一步增强，支持大学生创业的政策制度和服务体系更加完善，政府激励创业、社会支持创业、大学生勇于创业的机制基本形成，大学生创业的规模、比例继续得到扩大和提高，力争实现2014～2017年引领80万大学生创业的预期目标。

二、政策措施

（一）普及创业教育

各级教育部门要加强对高校创业教育工作的指导和管理，推动高校普及创业教育，实现创业教育科学化、制度化、规范化。各高校要将创业教育融入人才培养体系，贯穿人才培养全过程，面向全体学生广泛、系统开展；积极开发开设创新创业类课程，并纳入学分管理；不断丰富创业教育形式，开展灵活多样的创业实践活动；切实加强师资队伍建设，为普及创业教育提供有力支持。

（二）加强创业培训

各级人社部门要加强与教育部门和高校的衔接，以有创业愿望的大学生为重点，编制专项培训计划，优先安排培训资源，切实抓好组织实施，使每一个有创业愿望和培训需求的大学生都有机会获得创业培训。要鼓励支持有条件的高校、教育培训机构、创业服务企业、行业协会、群团组织等开发适合大学生的创业培训项目，经过评审认定后，纳入创业培训计划，提高创业培训的针对性和有效性。要切实加强创业培训师资队伍建设，创新培训方式，积极推行创业模块培训、创业案例教学和创业实务训练，抓好质量监督，不断提升大学生创业能力。要会同相关部门进一步完善和落实创业培训补贴政策，健全并加强培训补贴资金管理，对符合条件的参训大学生按规定给予培训补贴。

（三）提供工商登记和银行开户便利

各级工商部门要按照工商登记制度改革总体部署完善管理制度，落实注册资本认缴登记制，依照有关法律法规规定拓宽企业出资方式，放宽住所（经营场所）登记条件，推行电子营业执照和全程电子化登记管理。要进一步完善工商登记"绿色通道"，简化登记手续，优化业务流程，为创业大学生办理营业执照提供便利。要落实减免行政事业性收费政策，对符合条件的创业大学生，按规定减免登记类和证照类等有关行政事业性收费。人民银行各分支机构要积极会同有关部门指导银行业金融机构进一步改进金融服务，为创业大学生办理企业开户手续提供便利和优惠。

（四）提供多渠道资金支持

各地要认真落实小额担保贷款政策，在符合规定前提下，加大对创业大学生的支持力度，简化反担保手续，强化担保基金的独立担保功能，适当延长担保基金的担保责任期限，落实银行贷款和财政贴息，重点支持吸纳大学生较多的初创企业。要充分发挥中小企业发展专项资金的作用，更多支持大学生创业实体。要鼓励企业、行业协会、群团组织、天使投资人等以多种方式向创业大学生提供资金支持，设立重点支持创业大学生的天使投资和创业投资基金。对支持创业早期企业的投资，符合规定条件的，按规定给予所得税优惠或其他政策鼓励。有条件的地区要对现有各类高校毕业生就业创业基金进行整合，完善管理体制和运营机制，向大学生创业实体提供支持。

(五)提供创业经营场所支持

各地要充分利用大学科技园、科技企业孵化器、高新技术开发区、经济技术开发区、工业园、农业产业园、城市配套商业设施、闲置厂房等现有资源，建设大学生创业园、留学人员创业园和创业孵化基地，为创业大学生提供创业经营场所。对建设大学生创业园、留学人员创业园和创业孵化基地的地方和高校，有关部门要积极给予对口支持和业务指导。要将创业实训、创业孵化、创业辅导相结合，创新孵化方式，完善孵化功能，提高创业孵化成功率。要制定并完善创业经营场所租金补贴办法，对符合条件的创业大学生按规定给予经营场所租金补贴。

(六)加强创业公共服务

各级人社部门要会同协调有关方面针对创业大学生普遍遇到的问题开展创业公共服务，建立健全创业公共服务政府采购机制并加强绩效管理，构建覆盖院校、园区、社会的创业公共服务体系。要对各方面相关优惠政策进行归集梳理，以年轻人喜闻乐见的形式加强宣传解读并提供咨询，帮助符合条件的创业大学生获得相应的税费减免、资金补贴等政策扶持。要建立健全青年创业辅导制度，从拥有丰富行业经验和行业资源的企业家、职业经理人、天使投资人当中选拔一批青年创业导师，为创业大学生提供创业辅导。要采取多种方式搭建青年创业者交流平台，经常举办交流活动，为创业大学生及时了解政策和行业信息、学习积累行业经验、寻找合作伙伴和创业投资人创造条件。要积极引导大学生参加创业竞赛活动，有条件的地区可定期举办青年创业大赛，使之成为凝聚青年创业者、展示创业方案和创业项目的舞台，同时为创业投资机构、天使投资人等选择投资对象提供机会。要拓宽人事和劳动保障事务代理服务范围，将创业大学生作为重要服务对象，提供档案保管、人事代理、职称评定、社保代理等服务。要加强服务创新，积极探索将促进就业创业政策措施向网络创业就业领域延伸拓展的有效方式，为在电子商务网络平台上注册“网店”的创业大学生提供政策支持和服务。要充分发挥留学人员回国服务工作体系的作用，对留学回国创业人员开展针对性服务，帮助他们了解国内信息、熟悉创业环境、交流创业经验、获得政策扶持。

三、工作要求

（一）加强组织领导

各地各高校要充分认识促进大学生创业的重要意义，切实加强领导，加大人力、财力投入，为本计划实施提供有力保障。要结合实际制订贯彻落实方案，明确目标和进度指标、任务和政策措施、责任分工和完成期限，对本计划的实施做出具体安排。各有关部门和单位要牢固树立全局意识，认真履行职责，加强协调配合，确保本计划顺利实施。

（二）加强绩效考核

要把本计划落实与执行情况作为高校毕业生就业工作考核的重要内容，以既定目标、进度、任务是否完成，政策措施是否落实到位，创业大学生是否得到支持帮助为考核重点，定期对相关部门、单位进行绩效考核。考核结果要及时向党委、政府汇报，并通报有关方面，接受监督质询，不断推进工作取得实效。

（三）加强舆论宣传

对党和政府鼓励支持大学生创业的政策措施，本计划执行过程中取得的进展、成效、经验和工作创新，以及创业大学生自强不息、勇于创业的典型事迹，各地要通过大众传媒予以广泛宣传，以加强对社会舆论的正面引导，努力营造鼓励创新、崇尚创业、褒奖成功、宽容失败的社会氛围。

各地贯彻落实情况请及时告人力资源和社会保障部、教育部。

2014 年 5 月 22 日

国务院办公厅
关于做好2014年全国普通高等学校毕业生
就业创业工作的通知

（国办发[2014]22号）

各省、自治区、直辖市人民政府，国务院各部委、各直属机构：

为进一步做好2014年全国普通高等学校毕业生（以下简称高校毕业生）就业创业工作，经国务院同意，现就有关问题通知如下：

一、高度重视高校毕业生就业创业工作

高校毕业生是国家宝贵的人才资源。做好高校毕业生就业创业工作，对于保持就业形势稳定，促进经济社会健康发展具有重要意义。近年来，各地区、各有关部门认真贯彻落实党中央、国务院的决策部署，高校毕业生就业创业工作取得积极进展。2014年，全国高校毕业生数量继续增加，就业工作任务十分艰巨。对此，党中央、国务院高度重视。党的十八届三中全会、中央经济工作会议对做好当前和今后一段时期高校毕业生就业创业工作提出明确要求，国务院对做好今年高校毕业生就业创业工作作出新的部署。各地区、各部门要切实将思想和行动统一到党中央、国务院的决策部署上来，充分认识做好高校毕业生就业创业工作的重要性和紧迫性，聚焦重点难点，继续把高校毕业生就业创业摆在就业工作的首要位置和整个经济社会发展的重要位置。要多方位拓宽就业渠道，结合产业转型升级开发更多适合高校毕业生的就业岗位，尤其要加快发展就业吸纳能力强的服务业，着力发展研发设计、现代物流、融资租赁、检验检测等对高校毕业生需求比较集中的生产性服务业，同时加快发展各类生活性服务业，拓展新领域，发展新业态，不断提高服务业从业人员比重。要充分发挥市场配置人力资源的决定性作用，着力改革创新，完善政策措施，强化就业创业服务，改善就业创业环境，引导高校毕业生转变就业观念，力争实现高校毕业生就业和创业比例都有所提高，确保高校毕业生就业形势稳定。

二、鼓励高校毕业生到城乡基层就业

各地区要结合城镇化进程和公共服务均等化要求，充分挖掘教育、劳动就业、社会保障、医疗卫生、住房保障、社会工作、文化体育及残疾人服务、农技推广等基层公共管理和服务领域的就业潜力，吸纳高校毕业生就业。要结合推进农业科技创新、健全农业社会化服务体系等，引导更多高校毕业生投身现代农业。全面落实高校毕业生到中西部地区和艰苦边远地区县以下基层单位就业的学费补偿和助学贷款代偿政策，尚未制定学费补偿和助学贷款代偿办法的地区，要在年内出台。高校毕业生在中西部地区和艰苦边远地区县以下基层单位从事专业技术工作，申报相应职称时，可不参加职称外语考试或放宽外语成绩要求。充分挖掘社会组织吸纳高校毕业生就业潜力，对到省会及省会以下城市的社会团体、基金会、民办非企业单位就业的高校毕业生，所在地的公共就业人才服务机构要协助办理落户手续，在专业技术职称评定方面享受与国有企事业单位同类人员同等待遇。继续统筹实施好大学生村官、"三支一扶"等各类基层服务项目，健全鼓励高校毕业生到基层工作的服务保障机制。各地要为高校毕业生参加实习、见习、志愿服务等活动创造条件，并将参加实习、见习、志愿服务等活动作为高校毕业生求职的实践经历。要加大工作力度，健全体制机制，鼓励支持更多高校毕业生参军入伍。

三、鼓励小型微型企业吸纳高校毕业生就业

各地区、各有关部门要认真落实《国务院关于进一步支持小型微型企业健康发展的意见》(国发[2012]14号)，为小型微型企业发展创造良好环境，推动小型微型企业在转型升级过程中创造更多岗位吸纳高校毕业生就业。对小型微型企业新招用毕业年度高校毕业生，签订1年以上劳动合同并按时足额缴纳社会保险费的，给予1年的社会保险补贴，政策执行期限截至2015年年底。科技型小型微型企业招收毕业年度高校毕业生达到一定比例的，可申请最高不超过200万元的小额担保贷款，并享受财政贴息。对小型微型企业新招用高校毕业生按规定开展岗前培训的，各地要根据当地物价水平，适当提高培训费补贴标准。

四、实施大学生创业引领计划

2014 年至 2017 年，在全国范围内实施大学生创业引领计划。通过提供创业服务，落实创业扶持政策，提升创业能力，帮助和扶持更多高校毕业生自主创业，逐步提高高校毕业生创业比例。各地要采取措施，确保符合条件的高校毕业生都能得到创业指导、创业培训、工商登记、融资服务、税收优惠、场地扶持等各项服务和政策优惠。各高校要广泛开展创新创业教育，将创业教育课程纳入学分管理，有关部门要研发适合高校毕业生特点的创业培训课程，根据需求开展创业培训，提升高校毕业生创业意识和创业能力。各地公共就业人才服务机构要为自主创业的高校毕业生做好人事代理、档案保管、社会保险办理和接续、职称评定、权益保障等服务。

各地区、各有关部门要进一步落实和完善工商登记、场地支持、税费减免等各项创业扶持政策。拓宽高校毕业生创办企业出资方式，简化工商注册登记手续。鼓励各地充分利用现有资源建设大学生创业园、创业孵化基地和小企业创业基地，为高校毕业生提供创业经营场所支持。对高校毕业生创办的小型微型企业，按规定落实好减半征收企业所得税、月销售额不超过 2 万元的暂免征收增值税和营业税等税收优惠政策。对从事个体经营的高校毕业生和毕业年度内的高校毕业生，按规定享受相关税收优惠政策。留学回国的高校毕业生自主创业，符合条件的，可享受现行高校毕业生创业扶持政策。

各银行业金融机构要积极探索和创新符合高校毕业生创业实际需求特点的金融产品和服务方式，本着风险可控和方便高校毕业生享受政策的原则，降低贷款门槛，优化贷款审批流程，提升贷款审批效率。要通过进一步完善抵押、质押、联保、保证和信用贷款等多种方式，多途径为高校毕业生解决反担保难问题，切实落实银行贷款和财政贴息。在电子商务网络平台开办“网店”的高校毕业生，可享受小额担保贷款和贴息政策。充分发挥中小企业发展专项资金的积极作用，推动改善创业环境。鼓励企业、行业协会、群团组织、天使投资人等以多种方式向自主创业大学生提供资金支持，设立重点面向扶持高校毕业生创业的天使投资和创业投资基金。对支持创业早期企业的投资，符合条件的，可享受创业投资企业相关企业所得税优惠政策。

五、深入实施离校未就业高校毕业生就业促进计划

各地区要将离校未就业高校毕业生全部纳入公共就业人才服务范围，采取有效措施，力争使每一名有就业意愿的未就业高校毕业生在毕业半年内都能实现就业或参加到就业准备活动中。各有关部门、各高校要密切协作，做好未就业高校毕业生离校前后信息衔接和服务接续，切实保证服务不断线。教育部门要将有就业意愿的离校未就业高校毕业生的实名信息及时提供给人力资源社会保障部门。人力资源社会保障部门要建立离校未就业高校毕业生实名信息数据库，全面实行实名制就业服务。各级公共就业人才服务机构和基层就业服务平台要及时主动与实名登记的未就业高校毕业生联系，摸清就业需求，提供有针对性的就业服务。教育部门和高校要加强对离校未就业高校毕业生的跟踪服务，为有就业意愿的高校毕业生持续提供岗位信息和求职指导。

各地区要结合本地产业发展需要和高校毕业生就业见习意愿及需求，扩大就业见习规模，提升就业见习质量，确保凡有见习需求的高校毕业生都能得到见习机会。根据当地物价水平，适当提高见习人员见习期间基本生活补助标准。高校毕业生见习期间参加职业培训的，按现行政策享受职业培训补贴。

各地区要继续推动离校未就业高校毕业生技能就业专项行动，结合当地产业发展和高校毕业生需求，创新职业培训课程，提高职业培训的针对性和实效性。在高校毕业生集中的城市，要提升改造一批适应高校毕业生特点的职业技能公共实训基地。国家级重点技工院校和培训实力雄厚的职业培训机构，要选择一批适合高校毕业生的培训项目，及时向社会公布。

六、加强就业指导、就业服务和就业援助

各地区、各有关部门、各高校要根据高校毕业生特点和求职需求，创新服务方式，改进服务措施，提高服务质量，促进更多的高校毕业生通过市场实现就业。加强网络信息服务，建立健全全国公共就业信息服务平台，加快招聘信息全国联网，更多开展网络招聘，为用人单位招聘和高校毕业生求职提供高效便捷的就业信息服务。积极开展公共就业人才服务进校园活动，为高校毕业生送政策、送指导、送信息，特别是要让高校毕业生知晓获取就业政策和岗位信息的渠道。精心组织民营企业招聘周、高校毕业生就业服

务月、就业服务周、部分大中城市联合招聘高校毕业生专场活动和每季度的全国高校毕业生网络招聘月等专项服务活动，搭建供需信息平台，积极促进对接。高校要加强就业指导课程和学科建设，积极聘请专家学者、企业人力资源经理、优秀校友担任就业导师。

各地区、各高校要将零就业家庭、优抚对象家庭、农村贫困户、城乡低保家庭以及残疾等就业困难的高校毕业生列为重点对象实施重点帮扶。享受城乡居民最低生活保障家庭的毕业年度内高校毕业生的求职补贴要在离校前全部发放到位，求职补贴标准较低的要适当调高标准。各地可结合本地实际将残疾高校毕业生纳入享受求职补贴对象范围。党政机关、事业单位、国有企业要带头招录残疾高校毕业生。离校未就业高校毕业生实现灵活就业的，在公共就业人才服务机构办理实名登记并按规定缴纳社会保险费的，给予一定数额的社会保险补贴，补贴数额原则上不超过其实际缴费的2/3，最长不超过2年，所需资金从就业专项资金中列支。

七、进一步创造公平的就业环境

各地区、各有关部门要积极采取措施，促进就业公平。用人单位招聘不得设置民族、种族、性别、宗教信仰等歧视性条件，不得将院校作为限制性条件。省会及以下城市用人单位招聘应届毕业生不得将户籍作为限制性条件。国有企业招聘应届高校毕业生，除涉密等特殊岗位外，要实行公开招聘，招聘应届高校毕业生信息要在政府网站公开发布，报名时间不少于7天；对拟聘人员应进行公示，明确监督渠道，公示期不少于7天。各地区、各有关部门要严厉打击非法中介和虚假招聘，依法纠正性别、民族等就业歧视现象。加大对企业用工行为的监督检查力度，对企业招用高校毕业生不签订劳动合同、不按时足额缴纳社会保险费、不按时支付工资等违法行为，及时予以查处，切实维护高校毕业生的合法权益。

各地区、各有关部门要消除高校毕业生在不同地区、不同类型单位之间流动就业的制度性障碍。省会及以下城市要放开对吸收高校毕业生落户的限制，简化有关手续，应届毕业生凭《普通高等学校毕业证书》、《全国普通高等学校毕业生就业报到证》、与用人单位签订的《就业协议书》或劳动（聘用）合同办理落户手续；非应届毕业生凭与用人单位签订的劳动（聘用）合同和《普通高等学校毕业证书》办理落户手续。高校毕业生到小型微型企业就业、自主创业的，其档案可由当地市、县一级的公共就业人才服务机构免费保管。办理高校毕业生档案转递手续，转正定级表、调整改派手续不再作为接收审核档案的必备材料。

八、推动创新高校人才培养机制

深化教育改革，积极调整教育结构，加快发展现代职业教育，深化校企合作、工学结合，培养生产、建设、服务、管理一线的应用型和技能型人才。高校要明确办学定位，突出办学特色，加强就业教育，提高人才培养质量。各高校自 2014 年起要发布高校毕业生就业质量年度报告，完善就业与招生计划、人才培养、经费拨款、院校设置的联动机制，充分听取行业主管部门、经济部门、就业部门以及有关行业组织的意见，促进人才培养更好地适应经济社会发展需要。有关部门要开展产业升级人才需求预测研究，健全岗位需求统计调查制度，适时向社会发布行业人才需求信息，引导高校优化学科专业结构，探索制定行业岗位标准，促进高校依据市场需求完善专业培养课程。

九、加大宣传工作力度

各地区、各有关部门、各高校要高度重视宣传工作。要大力宣传党和政府对高校毕业生就业创业工作的重视和采取的政策措施，大力宣传高校毕业生到基层和中小微企业就业创业的先进事迹和典型经验，以正确的舆论导向引导社会各方面全面客观地看待当前就业形势，共同关心高校毕业生就业创业工作。教育部门和高校要将就业创业政策宣传到每一名高校毕业生，引导高校毕业生转变就业观念，以积极向上的心态走向社会，先就业、再择业，在平凡的岗位上创造不平凡的业绩。人力资源社会保障部门要深入用人单位进行政策宣传，引导用人单位履行社会责任，挖掘就业岗位吸纳更多高校毕业生就业。要在充分利用报纸、广播、电视等传统媒体的基础上，积极探索使用微博、微信、手机客户端等新媒体，深入解读促进高校毕业生就业创业的各项优惠政策。同时，密切关注舆情动态，及时了解和回应社会关切，掌握舆论主导权。

十、加强对高校毕业生就业创业工作的组织领导

各地要将高校毕业生就业工作列入政府政绩考核内容，进一步健全政府促进就业责任制度，在制定经济社会发展规划、调整产业结构和产业布局时，把高校毕业生就业作为重要目标予以考虑。要切实加大就业专项资金的投入力度，确保各项促进高校毕业生就业创业政策落到实处。就业工作联席会议成员单位要切实履行职责，加强协作配合，共同做好高校毕业生就业创业工作。各地区、各有关部门要按照本通知精神，制定具体措施，切实抓好贯彻落实。

国务院办公厅
2014 年 5 月 9 日

参考文献

一、中文著作

[1]陈振明主编:《政策科学——公共政策分析导论》,北京:中国人民大学出版社 2008 年版。

[2]陈振明编著:《公共政策学——政策分析的理论、方法和技术》,北京:中国人民大学出版社 2004 年版。

[3]陈德智等:《创业管理》,北京:清华大学出版社 2001 年版。

[4]冯建军:《生命与教育》,北京:教育科学出版社 2004 年版。

[5]付首清等主编:《创业启动》,北京:科学出版社 2004 年版。

[6]高建、程源、李习保:《全球创业观察中国报告(2007)——创业转型与就业效应》,北京:清华大学出版社 2008 年版。

[7]葛建新主编:《创业学》,北京:清华大学出版社 2004 年版。

[8]厉以宁:《中国经济双重转型之路》,北京:中国人民大学出版社 2013 年版。

[9]李子彬主编:《中国中小企业 2013 蓝皮书:进一步发挥中小企业促进社会就业增长的重要作用》,北京:中国发展出版社 2013 年版。

[10]李志永:《日本高校创业教育》,杭州:浙江教育出版社 2010 年版。

[11]雷霖等编著:《大学生创业指南》,长沙:中南大学出版社 2001 年版。

[12]林汉川等主编:《中国中小企业发展报告(2014)》,北京:北京大学出版社 2014 年版。

[13]林篙:《创业战略:概念、模式与绩效提升》,北京:中国财政经济出

版社 2007 年版。

[14]刘雪明等:《马克思主义政策理论研究》,北京:中国社会科学出版社 2013 年版。

[15]麦可思研究院编著:《就业蓝皮书:2011 年中国大学生就业报告》,北京:社会科学文献出版社 2011 年版。

[16]梅伟惠:《美国高校创业教育》,杭州:浙江教育出版社 2010 年版。

[17]宋克勤:《创业成功学》,北京:经济管理出版社 2002 年版。

[18]王伟:《社会信用体系建设》,北京:中国方正出版社 2005 年版。

[19]席升阳:《我国大学生创业教育的观念、理念与实践》,北京:科学出版社 2008 年版。

[20]徐小洲编著:《国外中学创业教育》,杭州:浙江教育出版社 2010 年版。

[21]徐小洲、叶映华:《中国高校创业教育》,杭州:浙江教育出版社 2010 年版。

[22]姚梅芳、葛宝山:《生存型创业理论研究》,北京:现代教育出版社 2008 年版。

[23]郁义鸿、李志能:《创业学》,上海:复旦大学出版社 2000 年版。

[24]张金马主编:《公共政策分析:概念·过程·方法》,北京:人民出版社 2004 年版。

[25]朱亚鹏:《公共政策过程研究:理论与实践》,北京:中央编译出版社 2013 年版。

[26][美]威廉·N·邓恩:《公共政策分析导论》,谢明、伏燕、朱雪宁译,北京:中国人民大学出版社 2002 年版。

[27][美]罗伯特·赫里斯、迈克尔·彼得斯:《创业学》,王玉译,北京:清华大学出版社 2004 年版。

[28][美]托马斯·R·戴伊:《理解公共政策》,谢明译,北京:中国人民大学出版社 2011 年版。

二、中文论文

[1]敖山:《大学生创业与风险投资调查分析——以北京地区大学生调查样本为例》,载《教育学术月刊》2011 年第 9 期。

[2]岑杰、刘绍涛、胡国庆:《创业政策系统化转型理论模型研究》,载《内

蒙古财经学院学报》2009年第3期。

[3]常忠义:《区域创新创业政策支持体系研究》,载《中国科技论坛》2008年第6期。

[4]陈秉公、陈卓:《21世纪教育本质的理念》,载《21世纪》1999年第6期。

[5]陈成文、孙淇庭:《大学生创业政策:评价与展望》,载《高等教育研究》2009年第7期。

[6]陈化宇:《欧美国家大学生创业政策的特点与启示》,载《产业与科技论坛》2014年第4期。

[7]陈薇薇、陈芳、王林祥:《大学生自主创业支持体系的构建研究》,载《中国高等教育研究》2012年第2期。

[8]陈震红、刘国新、董俊武:《国外创业研究的历程、动态与新趋势》,载《国外社会科学》2004年第1期。

[9]初青松:《我国高校创业教育存在的问题及对策》,载《高等农业教育》2013年第10期。

[10]崔荣国、刘玮琼、徐立青:《对大学生创业政策的思考与探讨——基于对北京、上海等六个城市的科技型大学生创业企业的调查》,载《市场周刊·理论研究》2010年第12期。

[11]邓汉慧、刘帆、赵纹纹:《美国创业教育的兴起发展与挑战》,载《中国青年研究》2007第9期。

[12]董保宝、葛宝山:《经典创业模型回顾与比较》,载《外国经济与管理》2008年第3期。

[13]董才生:《美国社会信用体系建设的经验教训对我国的启示》,载《东北亚论坛》2008年第6期。

[14]董霞:《对英法两国青年创业模式的比较和分析》,载《中国青年政治学院学报》2003年第5期。

[15]樊鹏、李忠云、胡瑞:《我国大学生创业政策的现状与对策》,载《高等农业教育》2014年第6期。

[16]方世建、桂玲:《创业、创业政策和经济增长影响途径和政策启示》,载《科学学与科学技术管理》2009年第8期。

[17]房汉廷:《中国创业风险投资发展中的七大问题》,载《中国科技论坛》2007年第4期。

[18]房欲飞:《大学创业教育在英国》,载《上海教育》2006 年第 6 期。

[19]傅晋华、郑风田、刘旭东:《国外创业政策的主要特征及对我国的启示》,载《中国科技论坛》2011 年第 9 期。

[20]高建、盖罗它:《国外创业政策的理论研究综述》,载《国外社会科学》2007 年第 1 期。

[21]高建:《中国的创业活动更趋活跃——来自 2006 全球创业观察(GEM)中国报告的分析》,载《中国科技投资》2006 年第 9 期。

[22]高兴武:《政策评估:体系与过程》,载《中国行政管理》2008 年第 2 期。

[23]葛宝山、王立志、姚梅芳、董保宝:《经典创业模型比较研究》,载《管理现代化》2008 年第 1 期。

[24]辜胜阻:《区域创业文化与发展模式比较研究——以中关村、深圳和温州为案例》,载《武汉大学学报(哲学社会科学版)》2007 年第 1 期。

[25]辜胜阻、肖鼎光、洪群:《完善中国创业政策体系的对策研究》,载《中国人口科学》2008 年第 1 期。

[26]郭必裕:《我国大学生机会型创业政策探析》,载《中国电力教育》2010 年第 13 期。

[27]郭德侠、楚江亭:《我国大学生创业政策评析》,载《教育发展研究》2013 年第 7 期。

[28]郭丽君、刘强、卢向阳:《中外大学生创业教育政策的比较分析》,载《高教探索》2008 年第 1 期。

[29]郭威:《现今创业政策对大学生创业行为的影响研究——基于北京市高校学生情况的实证分析》,载《中国市场》2010 年第 39 期。

[30]何云景、刘瑛、李哲:《创业政策与创业支持——基于系统优化的视角》,载《决策科学》2010 年第 4 期。

[31]胡希:《创业公共政策研究——基于激励创业者进入的视角》,暨南大学博士学位论文,2008 年。

[32]华静雨、翁清:《美日高校创业教育的成功经验及其启示》,载《创新与创业教育》2014 年第 3 期。

[33]黄茂:《创业政策对我国大学生创业动力的影响分析》,载《今日南国(理论创新版)》2009 年第 9 期。

[34]蒋蓉:《完善我国创业投资税收优惠政策的思考》,载《中国经贸导

刊》2011 年第 17 期。

[35]李良成、张芳艳:《创业政策对大学生创业动力的影响实证研究》,载《技术经济与管理研究》2012 年第 12 期。

[36]李俊:《大学生创业意愿的调查与分析——以上海 1256 名大学生为样本》,载《现代大学教育》2008 年第 6 期。

[37]李蔚、彭莉萍:《论大学生创业法律制度的完善》,载《当代教育理论与实践》2012 年第 8 期。

[38]李学东、李殿伟:《以创业带动大学生就业体系构建研究》,载《天津师范大学学报(社会科学版)》2010 年第 3 期。

[39]李政、邓丰:《面向创业型经济的创业政策模式与结构研究》,载《外国经济与管理》2006 年第 6 期。

[40]林强、姜彦福、张健:《创业理论及其架构分析》,载《经济研究》2001 年第 9 期。

[41]林嵩:《大学生创业政策:现状评析与制度设计》,载《现代管理科学》2010 年第 2 期。

[42]林嵩、姜彦福:《创业研究进展综述及分析》,载《管理现代化》2005 年第 6 期。

[43]刘华、王楠、张岩:《大学生自主创业扶持政策运行机制探索》,载《教育理论与实践》2013 年第 12 期。

[44]刘兰剑、温晓兰:《大学生创业政策评价体系研究》,载《厦门理工学院学报》2011 年第 1 期。

[45]刘沁玲:《河南省大学生创业政策评价与展望》,载《商场现代化》2010 年第 15 期。

[46]刘沁玲:《中国创业学术研究发展综述》,载《科学学与科学技术管理》2008 年第 7 期。

[47]刘雪明、沈志军:《公共政策的传播机制》,载《南通大学学报(社会科学版)》2011 年第 2 期。

[48]刘英赫、王琳:《国外大学生创业法律法规与政策评述》,载《第一资源》2013 年第 1 期。

[49]罗良忠:《中国大学生创业环境与政策问题研究》,载《未来与发展》2007 年第 8 期。

[50]吕福玉:《拓宽创业和就业渠道的新思路:大力发展中小微型企

业》，载《经济体制改革》2006 年第 6 期。

[51]马金霞、赵志军等：《论推进创业文化建设》，载《社会科学战线》2009 第 7 期。

[52]宁亮：《促进创业活动的政府行为研究》，江西财经大学博士学位论文，2009 年。

[53]潘光林：《创业及其支持系统》，载《统计教育》2001 年第 3 期。

[54]潘玉香：《美国创业风险投资税收政策演变及其启示》，载《中国科技论坛》2012 年第 7 期。

[55]钱强：《当前高校创业教育的问题与对策探究》，载《中国高教研究》2005 年第 8 期。

[56]钱昇、陈云：《地方政府扶持大学生自主创业政策比较分析》，载《杭州电子科技大学学报(社会科学版)》2011 年第 1 期。

[57]乔慧敏、孟宝全、关磊：《完善大学生自主创业政策扶持体系探析》，载《文教资料》2011 年 1 月号上旬刊。

[58]尚泉泉：《基于创业过程的创业政策研究》，载《山西财经大学学报(高等教育版)》2010 年第 2 期。

[59]沈东华：《英国高校创业教育的发展进程》，载《教育评论》2014 年第 11 期。

[60]沈培芳：《中英两国创业教育政策比较研究》，载《辽宁教育研究》2008 年第 7 期。

[61]苏益南：《大学生创业环境的结构维度、问题分析及对策研究》，载《徐州师范大学学报(哲学社会科学版)》2009 年第 11 期。

[62]隋广军、胡希：《创业公共政策研究述评》，载《科技管理研究》2008 年第 2 期。

[63]唐志敏、苗月霞：《我国高校毕业生创业政策分析》，载《第一资源》2011 年第 2 期。

[64]谭蔚沁：《大学生创业法律保障机制探讨》，载《昆明学院学报》2010 年第 5 期。

[65]田雪莹：《大学生创业政策保障体系构建研究——来自苏州大学生问卷调查的证据》，载《科学决策》2013 年第 3 期。

[66]童裳辉：《浙江大学生创业的融资分析》，载《消费导刊》2009 年第 11 期。

[67]汪琪、龚佾菁、华炜、王雪慧:《大学生创业意愿与创业政策影响分析》,载《企业技术开发》2013 年第 11 期。

[68]王飞绒:《创业特征演变的调查研究——以浙江省为例》,载《中国科技论坛》2010 年第 2 期。

[69]王惠:《政府创业扶持政策对大学生创业的影响评价及其优化——基于浙江省的分析》,载《企业经济》2014 年第 3 期。

[70]王景、杨荧彬:《浙江省大学生创业环境的评估与优化》,载《经营与管理》2014 年第 5 期。

[71]王鑫:《完善重庆市大学生创业政策体系的思考》,载《黑龙江史志》2010 第 23 期。

[72]王玉帅、黄娟、尹继东:《创业政策理论框架构建及其完善措施——创业过程的视角》,载《科技进步与对策》2009 年第 19 期。

[73]王玉帅、尹继东:《江西创业政策环境研究——基于政策体系考察和创业者评价的双重视角》,载《江西社会科学》2010 年第 2 期。

[74]王艳茹:《完善我国创业政策的对策》,载《经济研究参考》2010 年第 36 期。

[75]文亮、刘炼春、何善:《创业政策与创业绩效关系的实证研究》,载《学术论坛》2011 年第 12 期。

[76]吴勇:《公共政策评估标准初探》,载《科学管理研究》2007 年第 3 期。

[77]武世兴:《美国高校的创业教育——考夫曼创业基金会关于美国高校创业教育研究报告》,载《中国大学教学》2011 年第 4 期。

[78]夏人青、罗志敏、严军:《中国大学生创业政策的回顾与展望(1999～2011 年)》,载《高教探索》2012 年第 1 期。

[79]夏清华、易朝辉:《不确定环境下中国创业支持政策研究》,载《中国软科学》2009 年第 1 期。

[80]向东春、肖云龙:《美国百森创业教育的特点及其启示》,载《现代大学教育》2003 年第 2 期。

[81]谢慧明:《我国创业政策比较研究及国外创业政策的启示》,载《经营与管理》2013 年第 3 期。

[82]熊伟:《大学生创业政策体系的构建框架与实施模式》,载《陕西教育学院学报》2009 年第 3 期。

[83]宣杰、黄少波:《我国大学生创业制度环境的历史发展》,载《学校党建与思想教育》2012 年第 12 期。

[84]颜中玉、姚金海、罗元:《大学生自主创业认知调查及对策——以湖南 7 所高校为例》,载《湖南师范大学教育科学学报》2013 年第 4 期。

[85]杨邦勇:《构建我国大学生创业政策支持系统的理论思考》,载《福建工程学院学报》2010 年第 2 期。

[86]杨德敏:《大学生创业法律制度探析》,载《兰州学刊》2010 年第 4 期。

[87]叶映华:《大学生创业政策的困境及其转型》,载《教育发展研究》2011 年第 1 期。

[88]易剑锋、郭晓红:《创业文化影响大学生创新能力的实证研究》,载《宜春学院学报》2010 年第 11 期。

[89]应永胜:《论大学生创业政府责任的强化》,载《南昌航空大学学报:社会科学版》2013 年第 3 期。

[90]詹全友:《武汉市大学生创业政策研究》,载《科技创业月刊》2010 年第 12 期。

[91]张宝强:《大学生创业政策与创业行为契合机制研究》,载《河南工业大学学报(社会科学版)》2011 年第 1 期。

[92]张波:《政府在大学生自主创业中角色定位新策略——从风险投资的角色定位》,载《管理观察》2009 年第 4 期。

[93]张东生、刘健钧:《创业投资基金运作机制的制度经济学分析》,载《经济研究》2000 年第 4 期。

[94]张帆:《中美大学生创业环境的比较分析》,载《科学管理研究》2010 年第 1 期。

[95]张付:《我国公共政策传播渠道分析》,载《中国流通经济》2013 年第 11 期。

[96]张钢、牛志江:《创业政策关键要素探究》,载《科学学与科学技术管理》2009 年第 5 期。

[97]张茉楠:《面向创业型经济的政策设计与管理模式研究》,载《外国经济与管理》2007 年增刊。

[98]张留禄:《公共管理视角下的大学生创业服务体系》,载《广东社会科学》2013 年第 6 期。

[99]张苏、樊勇:《税收政策与大学生创业意愿》,载《税务研究》2014 年第 8 期。

[100]张云华:《促进中小企业创业的税收政策研究》,载《铜陵学院学报》2007 年第 6 期。

[101]赵都敏、李剑力:《创业政策与创业活动关系研究述评》,载《外国经济与管理》2011 年第 3 期。

[102]赵璐诗:《美国、荷兰政府对大学生创业政策扶持经验及启示》,载《商业经济》2013 年第 1 期。

[103]赵政纲、廖丹烨:《中外大学生创业法律制度对比》,载《法治与社会》2013 年第 13 期。

[104]郑德前:《中外大学生创业融资政策对比研究》,载《青岛科技大学学报(社会科学版)》2011 年第 4 期。

[105]郑风田、傅晋华:《创业型经济的兴起与我国创业政策面临的挑战》,载《经济理论与经济管理》2007 年第 6 期。

[106]周劲波、陈丽超:《我国创业政策类型及作用机制研究》,载《经济体制改革》2011 年第 1 期。

[107]周建国:《公共政策评估多元模式的困境及其解决的哲学思考》,载《中国行政管理》2012 年第 2 期。

[108]周海涛、董志霞:《美国大学生创业支持政策及其启示》,载《高等教育研究》2014 年第 6 期。

三、英文文献

[1] Acs, Zoltan J., *A Formulation of Entrepreneurship Policy*, The FSF-NUTEK Award Winner Series, 2001.

[2] Acs, Zoltan J., L. Szerb, "Entrepreneurship, Economic Growth and Public Policy," *Small Business Economics*, Vol. 28, No. 2-3, 2007, pp. 109-122.

[3] Audretsch, D. B., A. R. Thurik, "A Model of the Entrepreneurial Economy," *International Journal of Entrepreneurial Education*, No. 2, 2004, pp. 143-156.

[4] Busenitz, Lowell W., G. P. West III, Dean Shepherd, Teresa Nelson, Gaylen N. Chandler, Andrew Zacharakis, "Entrepreneurship Research in Emergence: Past Trends and Future Directions," *Journal of*

Management, Vol. 29, No. 3, 2003, pp. 285—308.

[5] Collins, Jock, "Cultural Diversity and Entrepreneurship: Policy Responses to Immigrant Entrepreneurship in Australia," *Entrepreneurship and Regional Development*, Vol. 15, No. 2, 2003, pp. 137—149.

[6] Cooper, A. C., J. A. Hornaday, K. H. Vesper, *The Field of Entrepreneurship over Time: Frontiers of Entrepreneurship Research*, Wellesley, MA: Babson College, 1999.

[7] Cumming, D., "Government Policy towards Entrepreneurial Finance: Innovation Investment Funds," *Journal of Business Venturing*, Vol. 22, No. 2, 2007, pp. 193—235.

[8] Dabson, Karen A., *Key Issue Areas for Rural Entrepreneurship Policy*, Association for Enterprise Opportunity, Rural Committee White Paper, 2003.

[9] Degadt, Jan, *For a More Effective Entrepreneurship Policy: Perception and Feedback as Preconditions*, Rencontres de St. Gall, 2004.

[10] Demsetz, H., "Barriers to Entry," *The American Economic Review*, Vol. 72, No. 1, 1982, pp. 47—57.

[11] Gentry, W. M., R. G. Hubbard, "Tax Policy and Entrepreneurial Entry," *The American Economic Review*, Vol. 90, No. 2, 2000, pp. 283—287.

[12] Gnyawali, D. R., D. S. Fogel, "Environments for Entrepreneurship Developments: Key Dimensions and Research Implications," *Entrepreneurship Theory and Practice*, Vol. 18, No. 4, 1994, pp. 43—62.

[13] Hart, David M., *The Emergence of Entrepreneurship Policy: Governance, Startups, and Growth in the US Knowledge Economy*, Cambridge, UK: Cambridge University Press, 2003.

[14] Hisrich, R., D., and C. Brush, *The Woman Entrepreneur: Starting, Financing, and Managing a Successful New Business*, Lexington, MA: Lexington Books, Inc., 1986.

[15] Kayne, Jay, *State Entrepreneurship Policies and Programs*, Kauffman Center for Entrepreneurial Leadership at the Ewing Marion Kauffman Foundation, 1999.

[16] Kostova, Tatiana, *County Institutional Profiles: Concept and*

Measurement, Academy of Management Best Paper Proceedings, 1997.

[17]Lundstrom A., L. Stevenson, *Entrepreneurship Policy: Theory and Practice*, New York: Springer Science + Business Media, Inc., 2005.

[18] Markman,G. D., R. A. Baron,"Person-entrepreneurship Fit: Why Some People Are More Successful as Entrepreneurs than Others?" *Human Resource Management Review*, Vol. 13, No. 2, 2003, pp. 281—301.

[19] North, David M., *Emergence of Entrepreneurship Policy*, New York: Cambridge University Press, 2003.

[20] Reynolds,P. N., et al.,"Global Entrepreneurship Monitor: Data Collection Design and Implementation 1998—2003," *Small Business Economics*, Vol. 24, No. 3, 2005, pp. 205—231.

[21] Ronstadt, Robert C., *Entrepreneurship*, Dover, MA: Lord Publishing Co., 1984.

[22] Shane, S. A., "Who is Publishing the Entrepreneurship Research?" *Journal of Management*, Vol. 23, No. 1, 1997, pp. 83—95.

[23] Shane, S., "Prior Knowledge and the Discovery of Entrepreneurial Opportunities," *Organization Science*, Vol. 11, No. 4, 2000, pp. 448—469.

[24] Shane, S., and S. Venkataraman, "The Promise of Entrepreneurship as a Field of Research," *Academy of Management Review*, Vol. 25, No. 1, 2000, pp. 217—226.

[25] Stevenson, Lois & Anders Lundstrom, *Entrepreneurship Policy for the Future*, Swedish Foundation for Small Business Research, 2001.

[26] Stevenson, Lois and Anders Lundstrom, *Patterns and Trends in Entrepreneurship/SME Policy and Practice in Ten Economies*, Swedish Foundation for Small Business Research, 2001.

[27] Verheul, Ingrid, Sander Wennekers, David Audretsch, and Roy Thurik, *An Eclectic of Entrepreneurship: Policies, Institutions and Culture*, Zoetermeer, 2001.

后 记

本书是在对我的博士论文《我国大学生创业政策体系研究》进行修改和补充的基础上完成的。

大学生创业在我国是一个新生事物，仅仅经历了10多年的实践。创业活动是一个复杂的过程，涉及领域广，影响因素众多，因而支持创业活动的政策具有复杂性、系统性、全面性等特点。本人在攻读博士学位期间不揣浅陋，选择了“大学生创业政策体系”作为博士论文选题。在资料搜集和论文写作过程中，因涉及资料的庞杂以及研究思路的迷茫，数度陷入焦虑难以平复。但是，自己还是坚持了下来，尤其是认识到这一选题所具有的重要意义之后，更是坚定了完成论文的信心。

在论文写作和答辩过程中，我的导师徐艳玲教授给予了我悉心的指导和热情的鼓励。徐老师博学但却谦和，干练而不失温婉，学术上严谨平实，生活中宽以待人，其人格魅力深深地影响着我，是我的人生榜样！在此，我要向徐老师致以特别的谢意。

我要感谢山东大学马克思主义学院的王韶兴教授、周向军教授、费利群教授、徐国亮教授、赵建华教授、张士海教授，在我论文开题和预答辩过程中，对我的选题和论文内容提出了宝贵的意见和建议，使我受益无穷。还要感谢清华大学的艾四林教授和中国社科院的吕薇洲教授，他们在博士论文答辩中所给予的精深点评使我深受启发。

还要感谢我的同事孔令栋教授、刘昌明教授、楚成亚教授、王佃利教授，感谢他们在学术讨论和交流中给予我的指导和帮助。感谢我的挚友高弟副书记以及我工作团队的战友们，感谢他们给予我的支持和关爱，感念在心，一并致谢。当然，我还要感谢我的家人，他们默默的付出和奉献成就了今天的我。

本书广泛吸收了学术界众多专家学者的研究成果，在书中注释和参考文献中大多已经列出，对他们给本书提供的启发和丰富的资料一并表示感谢。

在本书即将出版之际，要特别感谢责任编辑谭学秋博士，他严谨高效的工作作风、认真负责的工作精神使该书得以顺利出版。感谢我所在的山东大学政治学与公共管理学院对本书的资助。感谢山东大学学生就业创业指导中心的支持和资助。

由于本人理论功底和文字水平所限，文中必有诸多不足和错误之处，敬请各位专家学者批评指正。

刘　军

2015 年 8 月

图书在版编目(CIP)数据

我国大学生创业政策体系研究:基于公共政策的视角/刘军著.—济南:山东大学出版社,2015.8
ISBN 978-7-5607-5357-7

Ⅰ.①我… Ⅱ.①刘… Ⅲ.①大学生－就业政策－研究－中国 Ⅳ.①G647.38-012

中国版本图书馆 CIP 数据核字(2015)第 212135 号

责任编辑:谭学秋
封面设计:牛　钧

出版发行:山东大学出版社
　　社　址　山东省济南市山大南路 20 号
　　邮　编　250100
　　电　话　市场部(0531)88364466
经　销:山东省新华书店
印　刷:泰安金彩印务有限公司
规　格:720 毫米×1000 毫米　1/16
　　11 印张　228 千字
版　次:2015 年 8 月第 1 版
印　次:2015 年 8 月第 1 次印刷
定　价:28.00 元
